La Era del Código

Introducción a la Programación y al Sector del Desarrollo de Software

Rafael Gómez Blanes

HUB DE LIBROS

Plataforma
de Publicación Abierta

Primera edición - Agosto de 2022 - #01#

La Era del Código: Introducción a la Programación
y al Sector del Desarrollo de Software

Copyright © 2022

ISBN: 9798846225077

Rafael Gómez Blanes

www.rafablanes.com

Hub de Libros: Plataforma de Publicación Abierta

www.hubdelibros.com

Foto de portada: Robo Wunderkind (Unsplash)

A mis padres, hermana y mis hijas, Luna y Beatriz

A mi pareja Mercedes

Índice

INTRODUCCIÓN

Mi nombre es Rafael Gómez Blanes y en este libro te voy a contar en qué consiste la programación y todo lo relacionado con la industria del software actual.

Como profesional, programar es mi vocación, y como empresario, mi pasión es crear proyectos software con la suficiente calidad y rentables.

Aprendí a programar con un Amstrad cuando apenas tenía 12 ó 13 años, más tarde hice la carrera de Ingeniería Superior en Informática en la universidad de la ciudad donde vivía, y, a día de hoy, sigue siendo lo que más me apasiona hacer.

Escribo este libro porque veo un interés creciente en aprender a «programar», algo que me satisface enormemente, y mi propósito es ayudarte a comprender mejor de qué va todo esto, incluso antes de que hayas comenzado a formarte.

Tanto si estás pensando estudiar programación a través de cualquiera de las ofertas formativas que existen para ello actualmente como módulos, universidad, «bootcamps», etc., o si estás ya dando los primeros pasos aprendiendo los rudimentos, mi propósito con este trabajo consiste en que conozcas todas las áreas relacionadas con esta actividad y qué se mueve en la industria del software actual, cada vez más dinámica y con más oportunidades.

Todo lo que te cuento en los siguientes capítulo es importante para conocer bien este sector.

También te voy a dejar claro una cosa muy importante: «programar» no consiste en aprender a usar un lenguaje de programación y nada más, o hacer que una sencilla aplicación funcione en tu ordenador.

Eso, en realidad, lo puede hacer cualquiera a menos que ponga en ello un poco de interés. Aquí de lo que hablo es de todo aquello que hay que aprender (o al menos tener nociones) para aspirar a integrarte en el equipo de trabajo de una empresa o trabajar como freelance y hacer de ello tu profesión.

Por decirlo de alguna manera, aprender a escribir algunas líneas de código con un lenguaje en tan solo la punta del iceberg, y de un iceberg muy grande, y que debes conocer para que tu formación continúe por el camino correcto y te puedas convertir más rápidamente en un desarrollador profesional.

Puedes aprender a programar en unos meses, pero convertirte en un programador amateur, júnior y después sénior o profesional, te requerirá de más conocimientos y experiencia, tal y como te cuento en el resto de capítulos de este libro.

Del mismo modo que un escritor, sabiendo escribir aceptablemente bien, puede desarrollar novelas de ficción de diversos géneros, ensayos, biografías, trabajos de divulgación y un largo etcétera, hoy día, la programación es la base estructural de un conjunto creciente de profesiones y de actividades: desde programación web, desarrollo de aplicaciones para móviles, analítica de datos, inteligencia artificial y redes neuronales hasta la programación de juegos y todo lo relacionado con la creciente criptoeconomía.

Después de veinticinco años trabajando como profesional con experiencias de muchos tipos y de haber escrito unos diez libros relacionados con el desarrollo de software, sigo afirmando que «aprender a programar es fácil, pero programar bien no es sencillo».

La programación es una actividad incremental. Te explico.

Crear con éxito una aplicación profesional (programa), es como construir un edificio: se parte de unos «planos» básicos y se comienza poniendo unos cimientos bien sólidos, conociendo muy bien los materiales de construcción, sin eso, todo el edificio se desmoronará en algún momento; después hay que construir planta sobre planta y, por último, encargarse de todo ese duro trabajo de los exteriores, la fontanería, la electricidad, etc. Y todo ello debe estar bien organizado y planificado.

Con una enorme diferencia: a diferencia del edificio del ejemplo, el software que escribes es maleable, esto es, puedes modificarlo, eliminar partes, añadir mejoras, volver a plantearlo todo y hasta mejorar esos cimientos de los que hablaba, en cualquier momento.

También te voy a explicar que en el sector de la programación existen ya no solo diversas técnicas para programar, sino que también hay diferentes roles en un equipo de trabajo, así como «formas de trabajar» (metodologías) e incluso técnicas para probar que todo lo que haces (código) funciona correctamente, y todo ello son habilidades y conocimientos más allá de conocer cómo usar un lenguaje de programación cualquiera.

Aprender C#, Java, Javascript, Python o PHP (por indicar algunos de los lenguajes más populares), es tan solo el comienzo de una carrera profesional mucho más rica y extensa: en las siguientes páginas te voy a describir los ingredientes más importantes de ella, para que tengas una visión correcta de nuestro sector y para que cuando termines de leer este libro seas capaz de ver el bosque completo.

También te quiero dar la enhorabuena por tu interés en esta actividad: a día de hoy, en el momento de escribir esto, y después de participar en más proyectos de los que recuerdo, continúa siendo lo que más me gusta hacer, aquello con lo que me gano la vida y se me pasan las horas en un estado de fluidez completo, y en un mercado cada vez más atractivo para los programadores.

Confío en que las siguientes páginas te ayuden o bien a decidirte si esta actividad es para ti o bien a comprender mejor que esto es una carrera a largo plazo y que tendrás que adquirir muchos más conocimientos además de dominar uno o varios lenguajes de programación.

Rafael Gómez Blanes
Sevilla, agosto de 2022

1

Y QUIÉN SOY YO PARA HABLAR DE TODO ESTO

Me familiaricé con la informática en general en la época de los primeros ordenadores domésticos (Spectrum, Amstrad y maravillas similares).

Ahí nació mi interés por la programación cuando comprendí que todo lo que hacían esos ordenadores eran «programas» que se podían escribir, algo que para mí fue toda una revelación, pero, sobre todo, cuando descubrí que no era magia, sino que cualquiera podía hacer aplicaciones con los suficientes conocimientos y ganas.

Con apenas doce años, le pedí a mi madre durante un verano en el que me aburría especialmente, que me apuntara a una academia de mi barrio donde impartían clases de mecanografía y de «ordenadores»; te estoy hablando del año 86, y ya te digo yo lo que ha llovido desde entonces en lo relacionado con la tecnología el general y la computación en particular.

En aquella época, tener en casa uno de esos primeros equipos era considerado un lujo, sobre todo porque aún no se veía claramente para qué podía servir un pequeño ordenador aparte de jugar al «arkanoid», al «tetris» o al «pacman».

De modo que ese verano, y gracias a un excelente profesor que tuve, di los primeros pasos con ordenadores Msx y Commodore. Recuerdo que lo primero que escribí en uno de ellos (y me sonrojo ahora un poco al decirlo), fue: "hola", así, buscando letra por letra en el teclado con mi dedo índice, pensando, en mi mente de niño abarrotada de películas futuristas, que el ordenador me respondería de forma inteligente...

En cualquier caso, esas fueron las primeras cuatro letras que escribí en un ordenador, en una academia de barrio durante un verano caluroso que pasaba aburrido, sin saber todavía que iniciaba así un interés creciente por la tecnología en general y la programación en especial, lo que daría forma no solo a mi carrera profesional sino también a mi faceta de autor técnico años más tarde.

En los años siguientes, aprendí a hacer programas en Basic

(el lenguaje que venía con el Amstrad, en el que no existía la noción de sistema operativo), Cobol e incluso lenguaje ensamblador, hasta llegar a hacer un juego con mi Amstrad CPC464 con unidad de disco 3.5" externa (todo un lujo para la época).

Durante el instituto, tuve claro a lo que me quería dedicar, de modo que me esforcé al máximo para sacar buena nota y poder entrar en la Facultad de Informática de mi ciudad (Sevilla), cuya nota de corte en aquella época era bastante alta.

Terminé la carrera sin pena ni gloria con muchas asignaturas de matemáticas, estadística, electrónica, física y hasta derecho informático e inglés técnico, y también, cómo no, de arquitectura de ordenadores, sistemas operativos, programación, estructuras de datos, redes neuronales, etc.

Combiné esos años de estudio, bastante duros, por cierto, con mis primeros trabajos relacionados con la tecnología: en una empresa de informática industrial me dieron un PC con Windows 3.11 y una silla, un manual enorme en inglés sobre programación de unos dispositivos de control, y ahí me tiré todo el verano de segundo de carrera a tercero, mejorando mis conocimientos en C (un lenguaje de programación de bajo nivel) y todo lo relacionado con el sistema que había que programar, con una media de 8 ó 12 horas diarias de trabajo.

Pero yo era feliz, aunque madrugaba y llegaba tarde a casa,

me gustaba aquello y conseguía así ese nivel práctico que no tenía durante la carrera. También di clases más tarde de ofimática y un curso de «redes de computadores» justo durante el último año de la carrera (que en aquella época era de cinco años).

Gracias a esa primera experiencia laboral en una empresa de informática industrial, entré como becario en una empresa importante del sector que, curiosamente, sus oficinas principales estaban cerca de donde yo vivía. En esa empresa, aprendí a desarrollar sistemas de control y a crear aplicaciones cada vez más grandes y complejas en C++ principalmente y después en el ecosistema .NET (si no sabes qué es esto, te lo explico más adelante).

De nuevo, una época en la que pasaba horas y horas programando, pero ya en un entorno profesional. No solo hacía aplicaciones de diverso tipo sino que me bebía (literalmente) libros relacionados con los temas que me interesaban profesionalmente, hábito que mantengo hasta el día de hoy.

Después tendría mis primeras experiencias internacionales, con viajes a Estados Unidos y diversos países, pero, sobre todo, la estancia durante casi dos años en Suecia, participando en el desarrollo e implantación de un sistema para la gestión de contadores inteligentes, con, de nuevo, jornadas interminables de trabajo y mis primeras experiencias con el estrés laboral.

Unos años más tarde, comprobé a mi pesar que iba encajando cada vez menos en la cultura corporativa de esa empresa (a la que aún a día de hoy agradezco todo lo que aprendí y las experiencias vividas mientras trabajé en ella); también iba sufriendo un interés por mi propia profesión cada vez menor; esto es, estaba muy desmotivado por las responsabilidades que me asignaron pero sobre todo por dinámicas de trabajo que no compartía. Por aquella época ya dirigía equipos de trabajo y comencé a aprender a gestionar equipos, pero nunca me desligaba de «lo técnico», como he hecho hasta ahora.

Durante esa primera etapa de mi vida profesional (y que duró unos 14 años), acumulé maravillosas experiencias que puedo catalogar como «positivas», pero también como «negativas»: aprendí de primera mano por qué muchos proyectos software fracasan.

Por esta razón, y porque desde siempre también me ha interesado la escritura creativa, decidí lanzar mi primer libro contando las razones por las que los proyectos software fracasan, y de nombre «El Libro Negro del Programador».

Para mi sorpresa, este libro que publiqué en el 2014, tuvo y tiene, cierto éxito y popularidad en el sector, de modo que me animé a seguir escribiendo sobre diversas facetas del desarrollo de software durante los años posteriores, lanzando

«El Libro Práctico del Programador Ágil», «The Coder Habits» y «El Arte del Emprededor Digital», entre otros (puedes verlos todos en mi web www.rafablanes.com).

Lo que comenzó como un pasatiempo (escribir sobre lo que más me gusta) terminó convirtiéndose en una de las patas de mi actividad profesional. Aproveché una oportunidad que se me puso por delante de montar en Sevilla una oficina para una empresa de Madrid que quería crear un «departamento de desarrollo de software»: me encargué de contratar el equipo, de dirigirlo y de dirigir también el desarrollo de los primeros productos software que producimos y que siguen funcionando a día de hoy en diversos clientes y países.

Durante estos años, he emprendido proyectos, he trabajado como consultor independiente para diversos clientes sobre todo como «auditor de calidad de software», y también he impartido mentorías personales y cursos sobre «calidad y arquitectura de software», y he continuado escribiendo, claro está.

Mi mayor pasión, y a lo que le dedico la mayor parte de mi tiempo, es a programar y a todas las actividades relacionadas, con un enorme interés por desarrollar aplicaciones con calidad, mantenibles y que puedan evolucionar (ser modificadas) con facilidad. Hacer esto es todo un reto, y de todo ello te voy a hablar también en este libro.

Actualmente, trabajo principalmente desarrollando Mantra, un framework basado en Node.js y Javascript para crear sistemas y plataformas «grandes» (www.mantrajs.com), al tiempo que continúo escribiendo en mi web profesional (www.rafablanes.com) y atendiendo a diversos clientes.

Aunque llevo en esto más de 25 años, no soy un gurú (es más, no me gustan ni un pelo, en ellos suelo ver más soberbia que capacidad de resolver problemas), pero reconozco que la actividad a la que le he dedicado más tiempo en mi vida es esta, el desarrollo de software profesional que, como comprobarás en este libro, va mucho más allá (pero muchísimo más) que aprender un lenguaje de programación.

Hay un creciente interés por aprender a programar, algo de lo que me alegro, de ahí mis ganas de escribir este libro para que te hagas una idea mejor de qué va todo esto tanto si has comenzado ya o estás pensando dedicarte a esto.

Esta profesión es incremental, quiero decir, nunca se deja de aprender, de ahí que espero que no te sientas abrumado por todos los conceptos sobre los que vas a leer en los capítulos siguientes, más bien lo contrario: una cosa te llevará con mayor interés a la otra, y si eres como yo, que disfrutas aprendiendo y eres feliz progresando en las áreas de tu vida que más te importan, cuando te quieras dar cuenta, en pocos años y con mucha práctica, serás un gran profesional.

Como puedes comprobar, te hablo de todo esto con

entusiasmo, porque es mi vocación, pero la cuestión que te tienes que plantear al terminar la lectura de este libro, tanto si aún no sabes nada como si has comenzado tu formación recientemente, es si esto es también para ti: no podemos ser buenos y destacar en algo si realmente no nos apasiona.

2

¿QUÉ ES PROGRAMAR?

Si ya estás estudiando algún curso de programación o conoces lo básico de algún lenguaje, te puedes saltar este capítulo, aunque en él te voy a contar la diferencia entre «programación» (en su aspecto puramente teórico) y «programar» (como actividad).

Comencemos por el principio, ¿qué es un programa?

Toda la industria de la informática, que mueve billones de euros al año, se basa en esto, y todo parte de programas que hace que millones de dispositivos «hagan cosas». Observa que vivimos en una economía que cada vez es más digital (todo o casi todo está informatizado), y lo que hay detrás de todo eso son... programas, precisamente.

Antes de explicar qué es, te tengo que indicar «para qué

sirve» un programa.

Estamos rodeados de dispositivos electrónicos inteligentes, y no solo ordenadores: teléfonos inteligentes o «*smart phones*», portátiles, relojes también inteligentes o «*smart watchs*», lavadoras y frigoríficos digitales, impresoras, televisores también inteligentes o «*smart tvs*», asistentes de voz como el Alexa de Amazon, hasta el control remoto de la puerta de tu garaje o el «*display*» de mi bicicleta de «*spinning*» tienen algún dispositivo electrónico que funciona para hacer algo según unas instrucciones, por no hablar de robots industriales, el control de tu calefacción central o tu mismo coche, o el mismísimo Internet que usamos constantemente.

Esas instrucciones están empaquetadas de algún modo en lo que denominamos «programas»: éstos son una serie de operaciones escritas en un «lenguaje» con una sintaxis particular que le indican a un dispositivo qué tiene que hacer. Estas operaciones escritas en ese lenguaje se guardan en un archivo o fichero de texto o están directamente almacenados en la memoria de un dispositivo.

El dispositivo por sí mismo no hace nada, tan solo ejecuta lo que el programa le indica: haz esto, ahora eso, después lo otro, y si ocurre esto, entonces haz esto otro, o cosas como «repite esta operación veinte veces» o «haz esto repetidamente hasta que esto otro ocurra», o incluso ejecutar otros programas.

Al contenido del programa se le denomina «código», y puede estar compuesto desde unas cuantas líneas de código hasta millones; así es, sistemas complejos, como por ejemplo el sistema de control de una central eléctrica, funcionan con programas muy grandes con cientos de miles de líneas de código repartidas en cientos de ficheros o incluso de decenas de programas diferentes que interactúan entre ellos.

Un simple programa, lo que denominamos el típico «hola mundo», puede ser el siguiente, escrito en el lenguaje de programación C:

```
#include <stdio.h>

int main() {
    printf("¡Hola mundo!");
    return 0;
}
```

Como puedes ver, y te puede parecer muy extraño al principio, parece que cada línea de código está escrita en un lenguaje con una sintaxis particular, con palabras en inglés y unos símbolos extraños como las llaves que abren y cierran o la almohadilla del principio, observando además que dos líneas se cierran con un punto y coma. ¡Qué curioso, eh!

Esas líneas escritas guardadas en un archivo de texto en el dispositivo, no hacen nada por sí mismas, le tenemos que decir al dispositivo: «oye, ejecuta esto», entonces el dispositivo, que de alguna manera sabrá entender esas instrucciones, hará lo que el programa le indique.

Por el momento, lo único de lo que tienes que hacerte una idea es que, si ejecutamos ese simple y mínimo programa en un ordenador, mostrará por la pantalla el mensaje "¡Hola mundo!".

Te indico el mismo ejemplo en un popular lenguaje de programación que se llama C#:

```
namespace HolaMundo
{
    class Hola {
        static void Main(string[] args)
        {
            System.Console.WriteLine("¡Hola
mundo!");
        }
    }
}
```

Al ejecutar este simple programa, obtendríamos el mensaje en pantalla:

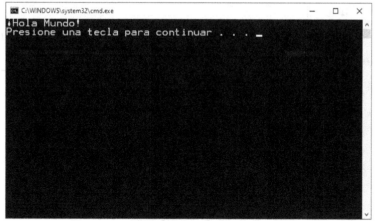

```
C:\WINDOWS\system32\cmd.exe                         —    □    ×
¡Hola Mundo!
Presione una tecla para continuar . . . _
```

Programa "HolaMundo" en ejecución

Este programa hace exactamente lo mismo que el anterior, ni más ni menos, pero como puedes ver, el código, las instrucciones que lo componen, son diferentes, porque la sintaxis del lenguaje C# varía sustancialmente de la sintaxis del lenguaje C.

Del mismo modo que en español, inglés, alemán o francés, manejamos una gramática y una sintaxis y un vocabulario diferentes, en programación ocurre igual: cada lenguaje tiene su propia forma de hacer las cosas. Te explicaré más adelante los tipos de lenguajes que hay, así como los que más se usan.

Lenguajes de programación hay muchos y cada año aparecen nuevos; recuerdo que incluso durante la carrera tuve una asignatura llamada «Compiladores», en la que me enseñaban a crear lenguajes de programación. Te preguntarás por qué hay tantos, algo que también te explicaré más adelante.

Como vemos, esas instrucciones que escribimos en forma de texto y que llamamos código, le indican de alguna manera al dispositivo inteligente lo que tiene que hacer, cómo y cuándo, y esto ocurre cuando «ejecutamos» el programa en el dispositivo.

Esto es un primer acercamiento elemental a lo que es un programa (obviando muchos detalles); como te puedes imaginar, del mismo modo que en español podemos usar tres palabras para decir algo, también podemos escribir una novela de cuarenta mil líneas para decir algo mucho más grande y complejo.

En un programa pasa igual: usando la sintaxis del lenguaje que se utilice, podemos actuar sobre todas las características que ofrece un dispositivo: en un ordenador tipo PC, podemos crear una ventana visual con botones para hacer algo, en un dispositivo de control, el programa puede indicar cuándo abrir o cerrar unas válvulas o mover una prensa hidráulica, o en el dispositivo que controla un cruce ferroviario, indicar cuándo encender y apagar las distintas luces de los semáforos que lo componen.

Esto es, en esencia, un programa. Ni más, ni menos.

Pero, ¿en qué consiste «programar»?

Programar es la actividad que realiza una persona cuando escribe un programa (al que se le llama programador o desarrollador de software, o «*developer*» en inglés), obviamente, pero también es muchísimo más que eso, porque esa actividad de «programar» tan solo es el principio, como veremos a lo largo del resto de capítulos de este libro, y que, precisamente, para eso lo he escrito.

Para programar cualquier dispositivo con un lenguaje específico, hace falta conocer bien un «entorno de programación» con diversas herramientas, además de un profundo conocimiento de éste y también del lenguaje que se use.

La «programación» es una actividad multidisciplinar en la que hay que conocer no solo un lenguaje concreto, sino también tener un conocimiento de muchas otras áreas que rodean la programación.

¿Quieres aprender a programar? Entonces aprende un lenguaje de programación, algo cuyas nociones básicas las puedes adquirir en un solo fin de semana.

¿Quieres ser un programador profesional y trabajar de esto? Entonces tendrás que profundizar en mayor o menor medida en todas las áreas de las que te hablo en este libro.

Antes comentaba que hay programas que pueden tener millones de líneas de código, ¿verdad? Pues bien, como imaginarás, no te vas a encontrar un enorme archivo de texto con esa cantidad de líneas más largo que el libro de El Señor de Los Anillos, sino que ante programas muy complejos, se aplican técnicas para hacer las cosas mejor, con un diseño y una «arquitectura» específica para ordenar todo eso y que ese sistema tan grande pueda ser comprendido y mantenido.

Efectivamente, del mismo modo que en la construcción existen albañiles, fontaneros, electricistas, aparejadores y arquitectos para construir de forma organizada un edificio, salvando las distancias, cuando construimos un sistema software de cierta complejidad, existen programadores, analistas, testers y QA («*quality assurance*» o las personas que controlan la calidad) y arquitectos de software. Las funciones de todos y cada uno de ellos van mucho más allá de simplemente «programar» o escribir líneas de código. En ocasiones y en equipos de trabajo pequeños, una misma persona ocupa varios de esos roles a la vez.

Para que te hagas una idea, y en el momento de escribir esto, el programa al que le dedico más tiempo desde hace un año («Mantra Framework», www.mantrajs.com), tiene ahora mismo unas setenta mil líneas de código, repartidos entre cientos de archivos ordenados y relacionados de un modo particular para que todo sea abordable.

En cualquier caso, comprenderás ahora que un programa indica en forma de texto las instrucciones que un dispositivo electrónico debe seguir (ejecutar) cumpliendo la sintaxis específica del lenguaje de programación que se use.

Sigamos.

3

LENGUAJES DE PROGRAMACIÓN

Ya te he hablado en el capítulo anterior de lo que es un lenguaje de programación: cada uno de ellos, propone una sintaxis y una «forma específica» de hacer las cosas. También he comentado que hay muchos y, de hecho, cada año aparecen nuevos, algunos propuestos por grandes corporaciones.

Del mismo modo, a medida que pasa el tiempo, otros lenguajes van desapareciendo de la escena por falta de uso o porque se han quedado obsoletos.

Hay lenguajes que nacen con un propósito específico, otros tratan de resolver los defectos de otros lenguajes y, simplemente, unos y otros se utilizan según la naturaleza de los programas a desarrollar.

En este sector, en ocasiones hay mucha polémica acerca de si tal lenguaje es mejor que otro (Java vs C#, Javascript vs PHP, por poner unos ejemplos recurrentes), pero déjame decirte que esas discusiones son en vano: lo único relevante, en mi opinión, es cómo encaja un lenguaje en el tipo de proyecto a desarrollar y si está muy apoyado por la comunidad, puesto que así vas a encontrar mucha documentación de soporte.

No siempre el lenguaje más usado, lo es porque sea «mejor», ni muchísimo menos, sino porque por diversas razones se usa más y los equipos que ya lo conocen bien, por ejemplo C#o Java, son reacios a enfocar nuevos proyectos donde, por ejemplo, encajaría mejor Python, pero que les obligaría a tener que aprender un nuevo lenguaje y un nuevo entorno.

En ocasiones, un lenguaje es propuesto por una gran corporación, como C# por parte de Microsoft o Go por parte de Google. Y esto no está bien ni mal, pero siempre hay que comprender que «nadie da duros a pesetas», como dicen en mi país, y, por tanto, cuando una gran empresa como esas ofrece su propia tecnología públicamente, obviamente, siempre hay detrás un enorme interés comercial en que se use y se expanda.

Los lenguajes de programación se dividen básicamente en dos grupos: funcionales y orientados a objetos.

En los primeros, todo lo que hace un programa está dividido en «funciones», que vienen a ser como la unidad mínima donde un trozo de código hace «algo».

¿Recuerdas cuando aprendías matemáticas y estudiábamos las «funciones» en las que en función de unos valores devolvían un resultado? En programación viene a ser exactamente lo mismo.

Por ejemplo, la siguiente función en Javascript devuelve la suma de dos números:

```
function Suma(a, b) {
    return a + b;
}
```

Esta función es muy simple, tan solo tiene una línea de código, pero puede tener, virtualmente, todas las líneas de código que necesite.

Observa que recibe dos valores (que en programación se llaman «parámetros»); según éstos, al igual que las funciones matemáticas, la función devolverá un resultado u otro.

La función por sí misma no hace nada hasta que la llame y ejecute otra parte del programa que la necesite (se dice que «invoca la función»), por ejemplo, la siguiente línea del código lama a la función «Sumar» con los valores 10 y 19:

```
let resultado = Sumar( 10, 19 );
```

Piensa que esto es muy similar a las funciones matemáticas, como por ejemplo el cálculo de la superficie de una figura geométrica, como el área de un cuadrado: area = lado x lado.

Observa además lo siguiente: la función «Sumar» devuelve un resultado, ¿verdad?

¿Qué hacemos con él?

En los lenguajes de programación existen lo que se denominan «variables», que vienen a ser contenedores donde almacenar algún dato. En el ejemplo anterior, el resultado de sumar 10 y 19 los guardamos en una variable de nombre «resultado».

En Javascript, para indicar que queremos crear una variable, usamos una de estas dos palabras clave: «let» y «var».

¿Palabras clave?

Así es, vienen a ser como el vocabulario único que utiliza un lenguaje para escribir palabras con él.

A continuación puedes ver otro ejemplo de función en Javascript en donde se calcula la función matemática de Fibonacci:

```javascript
function fib(n) {
    if (n <= 1) return n;

    return fib(n-1) + fib(n-2);
}
```

Con esta función en nuestro programa, podemos calcular el

número de Fibonacci de 10 del siguiente modo:

```
let resultado = fib(10);
```

Por su parte, los lenguajes orientados a objetos, como C# o Java que están muy extendidos, por su propia naturaleza, el diseño del programa es totalmente diferente.

La «orientación a objetos» define una entidad de programación denominada «objeto», que viene a ser algo así como una entidad abstracta que hace algo y que expone una serie de propiedades y métodos (que son lo mismo que funciones). La intención de esta aproximación es poder modelar mejor entidades reales y definirlas de una forma más clara en el código, así como poder implementar programas más complejos con mejor diseño.

La «orientación a objetos» es una técnica de programación soportada por los lenguajes orientados a objetos, claro está. En ellos, los objetos son definidos mediante lo que se denomina «clases». Por poner un ejemplo, te indico una clase en C# que expone un método para calcular el valor de fibonacci anterior:

```
public class Fibonacci {
   public int CalcularValor(int n)
   {
      if ( n <= 1 ) return n;

      return      this.CalcularValor(n-1)      +
this.CalcularValor(n-2);
   }
}
```

Como ves, la estructura del código no tiene nada que ver a la propuesta del ejemplo anterior en Javascript. Aunque está lejos del objetivo este libro mostrarte los detalles de un lenguaje en concreto, tan solo te quiero indicar que los lenguajes orientados a objetos pretender crear un mejor «diseño» en el código, esto dependerá también de cómo use.

¿Y para qué buscar un «mejor diseño»?

¿Para que el programa sea más bonito y guste más?

Claro que no: en programación siempre tratamos de hacer un buen diseño para que el programa se pueda comprender mejor y pueda ser mantenido y modificado con menor coste.

Así es, según la calidad de tus programas, después éstos serán más fáciles o difíciles de comprender y de ser modificados, de ahí que exista toda un área en este sector sobre la «calidad del software».

De nuevo, comparar si son mejores o peores los lenguajes orientados a objetos y los funcionales, no tiene mucho sentido, cada uno tiene un campo de aplicación y su valoración va mucho más allá de la sintaxis en sí de cada uno de ellos.

A continuación enumero una lista de los lenguajes de programación más populares y de los que deberías conocer al menos su existencia:

- Java: es un lenguaje orientado a objetos con muchos años a sus espaldas y muy extendido entre la comunidad de desarrolladores. Sirve para desarrollar aplicaciones de propósito general y está soportado por un ecosistema enorme de librerías y frameworks (más adelante te cuento qué son) y utilidades. Una de las ventajas de Java es que es multiplataforma, esto es, el programa que haces puede funcionar en distintos sistemas operativos (Windows, Linux, etc.). Es el lenguaje usado, sin ir más lejos, para hacer aplicaciones para los móviles con Android.
- C#: también es un lenguaje orientado a objetos y propuesto por Microsoft, que lo publicó en el año 2002, también de propósito general y muy extendido; forma parte del framework .NET, muy asentado sobre todo en corporaciones.
- PHP: es un lenguaje que inicialmente era funcional (aunque en sus últimas versiones ya admite algunas características de la orientación a objetos) muy

popular y que nació inicialmente para el desarrollo de páginas web. Es fácil de aprender y populares gestores de contenido como Wordpress están hechos en PHP. Se estima que una gran parte de las páginas y aplicaciones web que están publicadas en Internet están implementadas usando PHP.

- Javascript: también es un lenguaje que, inicialmente, era funcional pero al que posteriormente se le han añadido algunas características de orientación a objetos. Los navegadores web pueden ejecutar programas escritos en Javascript (y que se denominan «*scripts*»). En el 2009, apareció por su parte Node.js, un entorno de ejecución con el que se pueden ejecutar programas escritos en Javascript pero no en el lado del navegador, sino en el lado del servidor. Tanto Javascript como Node.js con muy populares en el sector. Por cierto, en un capítulo posterior te explico cómo funciona una aplicación web para que puedas unir «todos los puntos».

- C: es uno de los lenguajes más antiguos y con el que aprendimos a programar varias generaciones. Es un lenguaje funcional de muy bajo nivel y con el que se sigue programando dispositivos específicos.

- C++: es como el hermano mayor de C, pero con las capacidades de orientación a objetos. Aunque se sigue utilizándose mucho, su papel se ha ido relegando desde la aparición de C# o desde hace no mucho Rust.

- Python: este lenguaje es también de propósito general, pero dada su naturaleza, se usa mucho para aplicaciones de ciencia de datos. También tiene hoy día mucha extensión.

- Go: es un lenguaje con una sintaxis similar a C y propuesto por Google. Su beneficio principal es que no tiene algunos de los defectos de C y manteniendo el buen rendimiento y rapidez de las aplicaciones.

Aunque esta es una simple aproximación a lenguajes muy conocidos y populares, créeme cuando te digo que existen muchísimos más, Kotlin, Swift, Delphi, Cobol, Pascal, F#, Perl, Objective C, Ruby, Visual Basic, etc.

Lo importante de cara a aprender a programar, es que cuando aprendes bien un primer lenguaje y las nociones básicas de programación, saltar a otro lenguaje tiene menos dificultad de lo que imaginas, puesto que tan solo tienes que aprender cómo ese nuevo lenguaje aplica los conceptos de programación que ya conoces y, claro está, todo el ecosistema de librerías y frameworks que existen sobre él.

Aunque hay diversidad de opiniones, PHP y Javascript son siempre buenos candidatos para dar los primeros pasos en programación.

Por último, en este sector, en ocasiones hay polémicas de corte académico y reconozco que a veces perdemos demasiado el tiempo en cuestiones como ¿es PHP realmente un lenguaje funcional?, ¿realmente la orientación a objetos genera mejores diseños?, etc.

No obstante, mi misión en este libro es no divagar demasiado académicamente y que cuando lo termines de leer tengas una visión amplia de en qué consiste programar.

4

LENGUAJES COMPILADOS Y LENGUAJES INTERPRETADOS

Ya hemos visto en el capítulo anterior algunos de los lenguajes más usados y populares actualmente y su diferencia fundamental cuando se consideran «funcionales» y «orientados a objetos», viendo, además, que algunos, como Javascript y PHP, en sus revisiones más recientes, siguen siendo funcionales pero con algunas características añadidas de orientación a objetos.

Hay otro elemento que distingue unos lenguajes de otros, pero para explicártelo mejor, antes tengo que hacerte una breve introducción sobre cómo funciona internamente un ordenador y dispositivo electrónico similar. Pero tranquilo, que esto es tan solo una aproximación muy básica y suficiente para que cuando avances, no creas que un ordenador hace magia.

Hablamos en general de «dispositivos electrónicos inteligentes», como los ordenadores, móviles, tarjetas electrónicas embebidas, etc., y lo son porque están diseñados con una electrónica capaz de realizar ciertas tareas, esto es, de ejecutar instrucciones, como dijimos al comienzo del libro. Esas instrucciones son principalmente ejecutadas por un chip especial que se denomina CPU (o «unidad central de proceso»).

La CPU es capaz de ejecutar instrucciones básicas de muy bajo nivel (como sumar dos números, restarlos, hacer operaciones lógicas, guardar un valor en una posición de memoria, etc.).

Ahora bien, ¿cómo le indicamos a la CPU lo que tiene que hacer?

Para ello, las instrucciones que necesita ejecutar vienen descritas en un código especial denominado «código máquina»: una serie de números guardados en la memoria que son interpretados por la CPU para hacer las distintas operaciones de las que es capaz.

Cuando decimos que es «de bajo nivel», queremos indicar que realmente es intratable o difícil de comprender por un humano pero sí por la CPU, porque ésta, básicamente, lo único que hace es ejecutar operaciones muy canónicas y elementales. El código máquina es, como digo, muy difícil de tratar porque son números, sin embargo, los primeros programas se escribían de ese modo.

Ahora bien, puesto que los humanos no podemos escribir directamente un programa de esa forma (aunque inicialmente se hacía así, como decía antes, para volverse loco), pronto se vio la necesidad de crear un lenguaje algo más comprensible para nosotros pero que representara esas operaciones básicas mediante instrucciones simbolizadas por palabras, nació así el «lenguaje ensamblador».

¡Ah! Qué alivio debieron sentir los primeros programadores, aunque un gran avance, ahora veremos que seguía siendo algo de muy bajo nivel y también complejo de comprender.

Te indico, para que te hagas una idea, un trozo de código ensamblador que, aunque no lo creas, también calcula la función de fibonacci que vimos anteriormente escrita en Javascript y en C#:

```
_MainProc PROC
        mov eax,1
        mov ebx,1  ; will store answer
        dtoa  sum , eax
        output resultLbl , sum
        dtoa sum ,ebx
        output  resultLbl ,sum
```

```
   mov ecx ,5
_for:
   mov edx , eax
   add edx , ebx
   dtoa sum ,edx
   output   resultLbl ,sum
   mov  eax ,ebx
   mov  ebx ,edx
   dec ecx
   cmp ecx , 0
   jne _for
   mov eax , 0
   ret
```

Estas instrucciones básicas, que solo comprende la CPU donde se ejecuta, son traducidas a código máquina (una secuencia de bytes con valores especiales que le indican a la CPU lo que tiene que hacer). Finalmente, para que la CPU ejecute esto, hay que indicarle algo así como "oye, ejecuta esta serie de bytes", que, a su vez, han sido generados a partir de un programa en ensamblador como el anterior.

¿Y por qué te cuento todo esto que parece tan abstracto y extraño?

Porque lo creas o no, en los comienzos de la computación, no existían lenguajes de programación de ningún tipo: los primeros científicos de la computación escribían directamente los programas en código máquina, una secuencia de números que le indicaban a la CPU qué hacer.

Como hemos dicho, a alguien se le ocurrió que sería más

legible si ese código máquina, en lugar de representarlo por números, fuesen descritos con palabras que indicaban operaciones de una forma más comprensible para los humanos (código ensamblador) y, aunque era mejor que lo primero, es evidente que a medida que los programas se hacían más complejos ese código ensamblador seguía siendo inasumible y difícil de escribir.

Nació así el lenguaje C, como una forma de escribir código sin las complejidades del código ensamblador, y sorprendentemente, C se sigue usando todavía a día de hoy y continúa teniendo mucho uso.

Pero como te imaginarás, un programa escrito en C, hay que «traducirlo» al código ensamblador y, después, al código máquina de la CPU del dispositivo electrónico donde se va a ejecutar, ¿verdad?, porque como hemos visto, la CPU (el cerebro del dispositivo electrónico) solo sabe ejecutar esto último.

Pues bien, a ese proceso, se le denomina «compilación», de modo que cuando escribes un programa en C, antes de ejecutarlo, se tiene que «compilar» (traducir a código máquina). Esto se hace mediante un programa especial que se denomina «compilador», que lo que hace es tomar los archivos de tu programa escrito con la sintaxis de C, y traducirlos a código máquina para que la CPU lo pueda entender y ejecutar.

Los compiladores tienen un gran papel a la hora de programar, puesto que detectan defectos y errores en tu programa antes de que lo ejecutes, ahorrándole mucho tiempo al programador.

C, C++, Java, C#, Rust, etc., son lenguajes compilados, esto es, que antes de ejecutar el código, un compilador tiene que traducirlo al código máquina compatible con la CPU en donde se va a ejecutar.

El compilador no es algo especial y diferente en el desarrollo de software; si no lo has adivinado ya, el compilador no es más que un... ¡programa!, cuyo cometido es ese, traducir lo que has escrito en el lenguaje x a código ensamblador o código máquina final.

Según el tipo de CPU, ese código máquina va a ser diferente, de modo que el compilador debe saber también a qué tipo de CPU tiene que compilar el código, añadiendo, como te puedes imaginar un grado más de complejidad a todo esto.

Por su parte, existen lenguajes en donde no hace falta ese proceso intermedio de compilación antes de ser ejecutados, como Javascript, Perl o incluso PHP: los ejecutas directamente y ya está: este tipo de lenguajes se denominan «interpretados», porque no necesitan ese proceso de compilación intermedio, al menos no explícitamente por tu parte.

En realidad, y para ser preciso, esa compilación siempre se produce, pero en el caso de los lenguajes interpretados, se hace de forma invisible para ti y la realiza el entorno de ejecución de tu programa, pero tú no te tienes que preocupar directamente de compilar tu programa antes de ejecutarlo.

De modo que, además de dividir los lenguajes, a un nivel básico, entre funcionales y orientados a objetos, también los podemos categorizar entre compilados e interpretados, lo que determina también la forma de trabajar con ellos.

5

ENTORNOS DE DESARROLLO O IDES

Ya sabemos lo que es un lenguaje de programación, tanto si es compilado como si no; además, sabemos distinguir si es funcional u orientado a objetos.

Ahora bien, apuesto a que estás acostumbrado a usar un ordenador para realizar distintas actividades y que conoces aplicaciones como el bloc de notas, Word (de Microsoft), Writer (de LibreOffice), etc., de modo que te preguntará cómo escribes un programa cualquiera: ¿en uno de esos editores de texto?

Estrictamente hablando, puedes escribir un programa usando el bloc de notas o editores de texto plano como VI o VIM. No obstante, te va a resultar mucho más complicado, porque para programar, necesitas de algunas herramientas que te ayuden en esa actividad.

Programar una simple aplicación (llamamos así también a un programa), no consiste solo en escribir las líneas de texto que lo componen. Para ello, hay una serie de actividades que hay que realizar en todo el proceso de trabajo desde que se concibe la aplicación hasta que se ejecuta libre de errores y hasta cuando se publica para el cliente final o se entrega, por indicar tan solo algunas de las actividades involucradas (con algunos conceptos que no hemos visto aún), hay que:

- Comprobar que el programa no tiene errores.
- Detectar los errores y corregirlos a medida que se producen.
- Comprobar aspectos de la calidad de nuestro código.
- Lanzar las pruebas o «tests» para comprobar que funcionan.
- Si hay errores, tenemos que «depurar» el programara para averiguar dónde está.
- Tenemos que trabajar con un gestor de versiones de código para guardar los cambios mientras trabajamos en el día a día.
- Etc.

Aunque todavía no hemos visto algunos de los conceptos que te indico en esta lista, tienes que comprender que programar no es solo escribir código: necesitas usar y conocer ese conjunto de herramientas que te facilitan trabajar, mejorar y avanzar con ese código.

A ese conjunto de herramientas se le conoce como «entorno de programación o de desarrollo»: según el lenguaje que estés usando, tendrás que rodearte del «entorno de programación» adecuado, esto es: compiladores, depuradores, herramienta para ejecutar los tests, etc.

Tranquilo, que esto es más fácil de lo que parece pero tienes que saber que vienen en el paquete cuando te propones programar.

Por poner un ejemplo, si usas C# y su framework .NET, solemos usar el «entorno de desarrollo» de Microsoft, y que se denomina Visual Studio. Tiene una versión gratuita que se llama Visual Studio Community.

Te instalas ese entorno de desarrollo en tu ordenador y en él encuentras todo lo necesario para crear desde cero aplicaciones en C# (y en muchos otros lenguajes, en realidad), pero también todas esas utilidades necesarias para todo lo que he comentado en la lista anterior.

Lo que me interesa que aprendas en este capítulo, es que además de conocer un lenguaje de programación, que es el primer paso ineludible, claro está, tendrás que habituarte a un entorno de programación que incluye todas esas herramientas que se necesitan para hacer programar reales.

No hay ninguna obligación de usar un entorno de programación concreto para un lenguaje en particular, aunque en el ejemplo que te he dado, Microsoft, para C#, te lo pone muy fácil con Visual Studio.

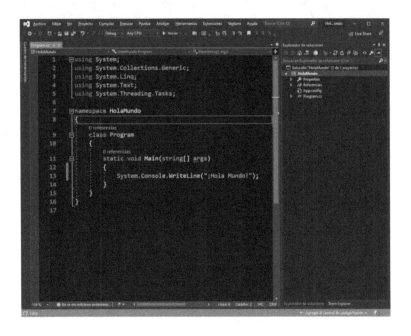

Visual Studio Community Edition

En cualquier caso, cuando te integres en un equipo de trabajo, éste ya tendrá definido ese entorno de programación común para todos los desarrolladores.

A este grupo de herramientas necesarias para programar, cuando se pueden integrar en un mismo entorno, también se les suele denominar IDEs (o «*integrated development environment*», o «entorno de desarrollo integrado»).

Por poner un ejemplo, este es el entorno de programación básico que yo uso para desarrollar Mantra (www.mantrajs.com):

- Visual Studio Code como IDE.
- Mocha para ejecutar los tests.
- La extensión ESLint para comprobar que mi código en Javascript mantiene ciertas normas de calidad.
- GIT como herramienta de control de versiones.
- Etc.

Un buen ejemplo de IDE muy popular, es ni más ni menos que el Visual Studio que indicábamos más arriba, aunque hay más, asociados siempre aun tipo de lenguaje en particular, como por ejemplo:

- IntelliJ IDEA.
- Visual Studio Code.
- Atom.
- Eclipse.
- NetBeans.
- Sublime Text.

Es habitual, por ejemplo, utilizar Eclipse cuando se trabaja con Java aunque se pueda trabajar con él con diferentes lenguajes.

IDE Eclipse

Absolutamente todos los entornos de desarrollo o IDEs tienen la capacidad de extender sus funcionalidades añadiéndole extensiones o «plugins». Lo habitual en cualquier equipo de trabajo de cualquier empresa, es que todos los desarrolladores utilicen exactamente el mismo entorno de trabajo.

6

TIPOS DE PROGRAMAS

Ya hemos visto hasta aquí en qué consiste un programa, los diferentes tipos de lenguajes así como en qué consiste básicamente un entorno de desarrollo o IDE. Ahora bien, ¿para qué creamos programas? ¿Qué tipo de problemas pretendemos resolver con ellos?

Es importante ahora que conozcas los tipos de programas más habituales para seguir avanzando por el resto de capítulos, de modo que te los describo a continuación intentando no caer en definiciones demasiado académicas y rígidas.

Habitualmente, un programador se suele especializar en el desarrollo de un tipo concreto de programa, aunque lo que quiero destacar aquí es que todos, absolutamente todos, consisten en programas compuestos por líneas de código en un lenguaje en particular, por complejos que sean.

Te aseguro que cualquiera de los programas que usas habitualmente en tu día a día desde tu ordenador o móvil, son extraordinariamente complejos, aunque la mayoría de los que hacemos como profesionales en las empresas no lo sean tanto.

Aplicaciones

Aunque en ocasiones se suele hablar de programas como sinónimos de aplicaciones, éstas, en realidad, se refieren a todas aquellas utilidades que ejecutamos en un ordenador con un propósito específico para resolver algún tipo de tarea en particular.

Puede que se te vengan a la cabeza aplicaciones como las que componen el paquete Office de Microsoft (como el editor de textos Word o la hoja de cálculo Excel), también aplicaciones bien conocidas como Photoshop para la edición de imágenes u otras de comunicaciones como Skype.

Por resumirlo de algún modo, las «aplicaciones software» están destinadas a ser usadas directamente por un usuario final para hacer algún tipo de tareas (escribir documentos, realizar hojas de cálculo, editar imágenes o comunicarte con otras personas, siguiendo los ejemplos anteriores).

Tan pronto como entras en tu ordenador, tienes a tu disposición una infinidad de aplicaciones preinstaladas.

Por su parte, el mismo tipo de software destinado a usuario finales en el mundo de los dispositivos móviles se denominan «apps».

El navegador que usas habitualmente (ya sea Chrome, Firefox, Safari o Edge), son aplicaciones cuyo propósito es acceder y abrir páginas web.

Los juegos también entrarían dentro de la categoría de «aplicaciones».

Sistemas operativos

Un ordenador o similar, como tu teléfono móvil tipo «*smart phone*», por sí mismo, no puede hacer absolutamente nada, es un dispositivo electrónico con la arquitectura de un ordenador con más o menos potencia y recursos (CPU, memoria, etc.).

Para que haga «algo», necesita, por decirlo de algún modo, de un programa que se ejecuta en él para darle vida, esto es, para ejecutar otras aplicaciones.

A ese programa especial, que ya te puedes imaginar la complejidad que puede tener, se denomina Sistema Operativo, y claramente te va a sonar tan pronto como te diga que Windows, Linux, iOS, Android y Mac OS son los sistemas operativos presentes en nuestras vidas desde hace mucho y que dan forma a la mayoría de los dispositivos inteligentes que utilizamos.

¿Qué hace un sistema operativo?

Esencialmente, facilitarle la vida a otros programas y ejecutarlos, ni más ni menos: actúan como intermediarios entre la electrónica donde se ejecutan y las aplicaciones, aislando a éstas de la complejidad de acceder a bajo nivel a los recursos del dispositivo (como la memoria, los dispositivos gráficos y de sonido, el adaptador de red, etc.).

Como te puedes imaginar, un sistema operativo no se implementa en dos días, sino que son programas muy complejos de millones de líneas de código desarrolladas y mejoradas durante años.

Drivers

Al igual que los sistemas operativos, los «drivers» con programas complejos muy específicos cuyo único propósito es acceder y gestionar dispositivos electrónicos concretos, como la tarjeta de sonido de tu ordenador, la impresora o el adaptador de red.

Los drivers trabajan estrechamente con los recursos de bajo nivel que ofrece el sistema operativo donde se ejecutan.

Cada vez que ejecutas una aplicación cualquiera como tu gestor de correo electrónico, una multitud de drivers están ejecutándose indirectamente: el que gestiona los movimientos del ratón, el que es capaz de reproducir sonidos cuando te llega un correo electrónico nuevo a tu bandeja, el que «dibuja» las ventanas de la aplicación en el escritorio y que te permite interactuar con la aplicación, etc.

Los drivers son complejos de programar y normalmente se encargan de ellos los mismos fabricantes que producen los dispositivos.

Librerías

Ya hemos visto en qué consiste y cómo se construye un programa cualquiera con un lenguaje de programación y un IDE en particular.

Como te puedes imaginar, cuando construyes distintos tipos de programas, partes de él son comunes o muy parecidas, de modo que pronto te das cuenta de que deberías aislar esas partes que son más o menos comunes, homogeneizarlas y reutilizarlas entre tus diferentes programas, dando lugar a lo que denominamos «librerías»: código específico y de utilidad que resuelve un problema en particular y que es reutilizable por parte de otros programas.

Cualquier aplicación que programes, sea del tipo que sea, utiliza infinidad de librerías que ya existen para no tener que reinventar la rueda continuamente, de manera que tú programas realmente lo específico de tu aplicación.

Existen miles y miles de librerías ya creadas y mantenidas por sus autores (en ocasiones sus dueños son corporaciones) que puedes utilizar en tus proyectos software; obviamente, cada librería está escrita en un lenguaje particular y con un propósito específico. Las hay gratuitas y de pago.

Por poner un ejemplo, «jQuery» es una librería extraordinariamente útil y muy popular usada para facilitar la implementación de aplicaciones web en el lado del navegador. «Log4j» («*log for Java*»), también es una librería muy popular para todo el entorno del lenguaje Java y que se encarga de escribir registros de log (esto es como un diario de bitácora que va indicando todo lo que va haciendo la aplicación y que sirve para detectar problemas, entre otras cosas). «*Express*», por su parte, es una librería también muy popular escrita en Javascript y que sirve para implementar un servidor web de una forma extraordinariamente fácil.

La lista de librerías de ejemplo sería interminable: quédate con la idea de que cuando aprendas a programar, parte de tu actividad de programación consistirá también en usar librerías de terceros en tus programas y aplicaciones.

Existen muchos más tipos de programas, como los «*frameworks*» y bases de datos, pero por su nivel de relevancia y su uso habitual entre los desarrolladores, los trataré en los siguientes capítulos.

7

FRAMEWORKS

En el capítulo anterior hemos visto que los programas, en general, se pueden clasificar en distintos tipos pero que, en definitiva, todos están implementados mediante código, como no puede ser de otra manera.

Puedes pensar por un momento que cuando afrontas un programa relativamente sencillo (una calculadora, un programa que realiza un cierto cálculo y lo muestra por pantalla, por poner unos simples ejemplos), tan solo abres tu IDE, lo programas en tu lenguaje de programación y nada más.

Pero, ¿qué ocurre cuando se tiene que afrontar un programa ciertamente complejo y de mayor tamaño, del orden de miles o decenas de miles de líneas de código? (Por cierto, esta unidad en software se denomina KLOC, «*kilo (thousands) lines of code*», o «miles de líneas de código»).

Imagina una aplicación que necesita acceder a una base de datos, que tiene que mostrar una interfaz de usuario de escritorio con distintas vistas, que, además, tiene que generar diversos informes en formato PDF, etc.

Si tratas de programar tú todos y cada uno de los aspectos involucrados en ella, ya te digo que te sería inviable por lo costoso que sería y, además, por la dificultad técnica de abordarlo absolutamente todo.

Esta situación se afronta en software usando distintos tipos de «frameworks» (la traducción al castellano sería algo así como «marcos de trabajo»): estos vienen a ser como una caja de herramientas general que te da todas las utilidades que necesitas para que tú, como programador, solo te tengas que centrarte en lo específico y particular de tu aplicación.

A diferencia de una librería (que vimos en el capítulo anterior y que es una utilidad que te resuelve un tipo de tarea muy concreto, como generar esos documentos en formato PDF siguiente el ejemplo anterior), un «framework» condiciona en cierto modo toda tu aplicación, su diseño, estructura y hasta aspectos de su arquitectura.

La relación que se establece entre tu aplicación y el framework es extraordinariamente estrecha y estará vinculada de por vida... Quiero decir, una vez que has terminado tu aplicación, muy difícilmente (si no imposible) podrás cambiar el framework en el que te basas por otro, sería como comenzar la aplicación de nuevo. En cambio, la dependencia con una librería en particular es mucho más liviana.

A día de hoy, salvo casos muy concretos, cualquier proyecto se realiza «sobre un framework» en particular, ¿y por qué? Porque usándolo, se gana consistencia entre los diversos proyectos que se desarrollan y éstos se hacen con una base más solida y de forma más rápida.

En la industria existen desde hace mucho distintos frameworks muy consolidados, a veces de la mano de grandes corporaciones:

- .NET Framework: es el framework de Microsoft para construir aplicaciones para el sistema operativo Windows. Su hermano reciente, .NET Core, es una evolución del mismo framework multiplataforma (para distintos sistemas operativos).
- Laravel: es un framework de código abierto para PHP.
- Symphony: también es un framework muy popular para realizar aplicaciones web con PHP.
- AngularJS: nació inicialmente como una librería pero a día de hoy, es un auténtico framework para realizar aplicaciones web.

- Spring: framework muy consolidado para realizar aplicaciones basadas en Java.

Como puedes ver, y esto es tan solo la punta del iceberg, la industria del software es extraordinariamente diversa en cuanto a opciones a utilizar.

Lo habitual es que según el tipo de proyecto a implementar, se use un framework u otro porque encaje mejor en la naturaleza del mismo.

Como desarrollador de software amatéur, además de aprender los rudimentos de la programación y un lenguaje en particular, tendrás además que aprender en algún momento los detalles de un framework para ese lenguaje. Pocos proyectos software he visto que no necesiten usar un framework como base para su desarrollo.

8

BASES DE DATOS

Hemos comentado en un capítulo anterior algunos de los tipos de programas y aplicaciones que se pueden desarrollar. Entre ellos, hay un tipo que, por su relevancia, he preferido dedicarle un capítulo específico.

Lo habitual es que cualquier programa necesite tratar con datos de diferente naturaleza y que éstos se almacenen de alguna forma. Imagina tan solo una aplicación web cuya funcionalidad principal sea la de generar facturas.

Para ello, «en algún sitio» tendrá que almacenar la información de los usuarios registrados junto con su perfil (nombre completo, nombre de la empresa, datos fiscales, avatar, etc), además de las facturas generadas y mucha más información.

Las bases de datos (BBDD) son aplicaciones cuyo único propósito es precisamente ese: guardar o persistir la información para que sea accesible por las aplicaciones que la usan. Ésta insertan nueva información, modifican la existente o la elimina según sus necesidades en cada momento.

Son sistemas complejos, algunas de las BBDD más consolidadas en el sector tienen muchos años de desarrollo y evolución y dada la importancia de su papel en el funcionamiento de una aplicación, como comprenderás, es una pieza de especial relevancia en la arquitectura de cualquier sistema.

Cada BBDD guarda la información de un modo que sea lo más eficiente posible de acceder a ella, guardarla y modificarla, pero esos son aspectos internos que, en realidad, no nos interesa.

Lo importante de una BBDD es la facilidad que le da a la aplicación que la usa para acceder a su información.

Existen las denominadas «bases de datos relacionales», con algunas marcas o productos bien conocidos y establecidos en el sector:

- MySql: es una de las más populares y ampliamente usada en millones de productos y aplicaciones que se basan en ella. Actualmente, es liderada por la compañía Oracle, aunque originalmente era un desarrollo de código abierto.

- MariaDB: es una evolución de MySql que se hizo tan pronto Oracle adquirió MySql.
- PostgreSQL: es otra base de datos de código abierto ampliamente utilizada.
- Sql Server: producto de Microsoft, es una base de datos muy difundida por los desarrollos de proyectos principalmente en corporaciones.
- Oracle Database: también es una base de datos muy presente en el sector, especialmente en proyectos de corporaciones.
- IBM DB2: como te puedes imaginar, esta base de datos es propiedad del gigante IBM.
- SQLite: es una BBDD relacional sencilla que se usa para el almacenamiento de no grandes cantidades de información.

Existen muchas más, aunque te aseguro que cualquier día navegando por Internet en diferentes aplicaciones, indirectamente habrás utilizado miles de datos que están gestionados por algunas de esas bases de datos.

Se denominan «relacionales» porque siguen una teoría de almacenamiento y gestión de la información específica, en donde ésta se desglosa en «entidades» con diferentes propiedades que se guardan en «tablas» y estas propiedades,

65

tienen «relaciones» con propiedades de otras entidades.

Ahora bien, ¿cómo una aplicación accede a la información que gestiona una base de datos de tipo «relacional»?

Existe un lenguaje específico denominado SQL («*structured query language*» o «lenguaje de consulta estructurada») que, mediante una sintaxis bastante clara y cómoda y fácil de comprender, se generan consultas para leer / actualizar / modificar datos en la base de datos relacional.

Te indico un simple ejemplo. Una aplicación que quiere obtener todos los usuarios de la base de datos que existen en una tabla denominada «usuarios» y que se haya registrado antes del año 2020, los obtendría ejecutando la siguiente consulta SQL:

```
SELECT * FROM usuarios
WHERE fecha_registro < '01-01-2020';
```

En lenguaje coloquial, esta consulta se podría traducir como «dame todas las propiedades de la tabla 'usuarios' en donde la propiedad 'fecha_registro' sea menor que la fecha '01-01-2020'».

La aplicación creará esta consulta y se la pedirá a la base de datos y ésta devolverá la información solicitada. Como te puedes imaginar, hay muchos pasos y detalles que estoy obviando, pero este libro persigue que tan solo te hagas una idea general y bien estructurada de todos los aspectos fundamentales en el desarrollo de software.

¿Qué BBDD es mejor? Como siempre, hay muchos factores para elegir un tipo de bases de datos u otro: rendimiento, conocimiento del equipo de desarrollo, intereses comerciales, cantidad de datos a guardar, cómo se van a usar esos datos, etc.

En cualquier caso, puesto que el rendimiento de una aplicación que tiene que gestionar datos va a depender del rendimiento de la BBDD que use (entendido como la velocidad en que ésta es capaz de realizar sus operaciones), como comprenderás, esta elección es de vital importancia.

Estructurar la información que tiene que gestionar una aplicación correctamente es una ciencia en sí misma y un papel muy importante en el éxito de un proyecto software que necesite del uso de BBDD.

Por otra parte, desde hace unos años existen otro tipo de BBDD «no relacionales» en donde la información, en lugar de estar almacenada mediante «entidades relacionadas entre ellas», se almacena de un modo conceptualmente diferente y se accede a ella también de otro modo distinto, mediante identificadores que indexan la información.

Son las denominadas BBDD NoSQL, entre ellas, las más conocidas son las siguientes:

- MongoDB

- Couchbase
- Apache Cassandra
- Amazon DynamoDB

Y, por supuesto, muchísimas más, tampoco te quiero aturullar con una lista demasiado extensa.

En general, ¿cómo elegir la BBDD más adecuada para una aplicación?

Esto no es para nada sencillo y, a la vez, es de vital importancia.

Se elige un tipo de BBDD u otro según las necesidades de la aplicación, la naturaleza de la información y de la forma en que vaya a ser accedida, ni más ni menos.

En ocasiones, una misma aplicación o sistema usa a la vez distintos tipos de bases de datos.

Por último, un detalle que debes saber: cuando instalas una BBDD, estás instalando una aplicación que se ejecuta «aparte» de tu aplicación que accede a ella, en forma se «servicio» que está esperando constantemente las peticiones de ésta para leer, modificar o escribir datos (una excepción a esto es SQLite, que, por su sencillez, no necesita instalar ningún servicio y se usa como una librería).

9

ALGORITMOS Y ESTRUCTURAS DE DATOS

Te animo ahora mismo a que entres en Amazon y busques por los términos «algoritmos y estructuras de datos». Te va a sorprender la cantidad de resultados de libros que aparecen bajo esa denominación. Lo que me interesa es que comprendas que estos conceptos de los que te voy a hablar ahora son muy importantes en el desarrollo de software y las ciencias de la computación.

Una definición clásica de «programación» se basa en afirmar que ésta consiste en «aplicar algoritmos sobre estructuras de datos», y si lo pienso detenidamente, en esencia, no hacemos otra cosa que no sea eso.

¿Qué es un algoritmo?

Como habrás visto ya a lo largo de los capítulos anteriores, huyo de definiciones demasiado académicas sobre los conceptos más relevantes, porque lo que pretendo es poder explicar una visión general de todo esto que es mi vocación como profesional, así que te voy a explicar qué es un algoritmo como si me lo preguntase ahora mismo la hija de mi vecina que tiene ahora mismo nueve años o la madre de mi mujer que tiene 66 (a la mía ya se lo he explicado :-)), o también al paisano de setenta años del pueblo donde vivo que regresa por el mediodía de trabajar en su huerto.

Tú llevas toda tu vida aplicando algoritmos desde que eras pequeño, sin saberlo.

Un algoritmo es la definición en una serie de pasos para resolver un problema particular.

Te animo a que hagas la siguiente suma tal y como te enseñaron cuando eras pequeño: 230 + 27:

```
  230
+  27
- - - -
  257
```

Pues bien, comienzas por la derecha, tomas el 0 y el 7, los sumas, colocas el resultado debajo (no te llevas ninguna), etc. Esto es, conoces una serie de pasos que te han enseñado para resolver esta y cualquier suma. El algoritmo es general y funciona independientemente de los números sobre los que los aplicas, ¿verdad?

Y lo mismo con la división, la resta, la multiplicación, la raíz cuadrada (el que se acuerde, porque yo, desde luego, no), etc. Mientras conducimos, también aplicamos algoritmos en cierta medida: si al entrar en una rotonda no hay nadie, pues avanzo, si voy a la derecha, previamente enciendo el intermitente derecho de cambio de dirección, etc. Tu problema es «cruzar la rotonda y tomar la salida de la derecha», y aplicas el algoritmo que te enseñaron cuando aprendiste a conducir para resolverlo. No hay más.

La ciencia de la computación nació y creció para la resolución de problemas concretos, lo que, poco a poco, dio lugar al nacimiento de esta industria para crear aplicaciones que nos sean de utilidad. Tanto ha sido así, que, como sabes, lo tenemos casi todo informatizado y cada vez más. Te aconsejo que veas la película «El Codigo Enigma» («*The Imitation Game*»), en donde el actor Benedict Cumberbatch encarna a uno de los pioneros de la computación (Alan Turing); basada en hechos reales, la película muestra cómo Alan Turing, matemático, trata de crear una máquina de propósito general que calculara de forma automática las claves para descifrar los mensajes que los alemanes se enviaban con su máquina de cifrado Enigma durante la

Segunda Guerra Mundial. No solo Alan Turing creó las bases de la computación a nivel hardware sino que también creó el algoritmo de descifrado.

Un algoritmo actúa necesariamente sobre una serie de datos (éstos representan la información) que, de algún modo, tienen que tener una estructura correcta para resolver el problema que necesitas resolver. Esta estructura de datos representa la información sobre la que queremos trabajar y no solo guarda los datos, sino que establece una serie de relaciones y restricciones entre ellos.

Te voy a poner un ejemplo.

Cuando vas al súper y te acercas con tu cesta de la compra para pasar por caja y pagar, necesariamente te colocas al final de la cola de otros clientes, ¿verdad?, salvo que seas un maleducado y trates de colarte. El empleado que trabaja con la caja registradora atiende al que primero llega, después, cuando finaliza con ese cliente, éste se marcha y el cajero atiende al siguiente.

Pues bien, ¿cómo representar esto computacionalmente para resolver programáticamente problemas similares?

Mediante una estructura de datos específica que se denomina «cola» (qué original, «*queue*» en inglés), y aplicando un algoritmo sobre ella por el que se procesa el primer dato que se ha introducido en ella (o el más antiguo) mientras que los nuevos se van añadiendo a la cola.

Este comportamiento (algoritmo) lo denominamos FIFO («*first in first out*», o «el primero que entra el primero que sale»), de forma que podemos escribir un programa que por un lado vaya almacenando los datos que llegan en una lista y que, por otro, vaya procesando siempre esos datos en ese orden FIFO: procesa siempre el que primero ha llegado o el más antiguo, etc.

En computación es extraordinariamente importante el estudio de este tipo de estructuras de datos y los algoritmos que se aplican sobre ellos.

¿Y por qué?

Ya no solo porque resuelven problemas típicos y clásicos, sino porque nos permiten «modelar» correctamente las situaciones que tenemos que resolver en nuestras aplicaciones.

Un error que suelen cometer los programadores con poca experiencia es no crear una estructura de datos correcta o acertada para resolver un problema, por tanto, aplicar cualquier algoritmo sobre ella será, entonces, más complicado y dará pie a más errores.

Mientras programamos, directa o indirectamente, estamos usando estructuras de datos (colas, listas, árboles, etc.) y aplicando algoritmos sobre la información que contienen (ordenación, búsquedas, etc.).

Algunos de los algoritmos clásicos en programación (sus

nombres están siempre identificados en inglés), son los siguientes:

- Binary Search Algorithm (o «algoritmo de búsqueda binaria»).
- Depth First Search (o «búsqueda en profundidad»).
- Quicksort Algorithm (o «algoritmo de la ordenación rápida»).
- Heap Sort Algorithm (o «algoritmo de ordenación por pila»).
- Euclid's Algorithm (o «algoritmo de Euclides).

Y un larguísimo etcétera.

Por su parte, algunas de las estructuras de datos también clásicas son las siguientes:

- Arrays
- Listas enlazadas
- Stacks
- Queues (o «colas»)
- Tablas hash
- Árboles
- Grafos

Y también otro larguísimo etc.

Quizá te suene todo lo anterior demasiado académico, por ello te voy a poner un ejemplo para que veas que la programación, básicamente, consiste en aplicar algoritmos sobre estructuras de datos.

Imagino que conocerás el formato de imagen JPG, ¿verdad? Lo usas a diario desde tu móvil u ordenador tan pronto abres una web o le envías por whatsapp una foto a alguien (bueno, quizá usen otros formatos de imágenes, como PNG, Webp, GIF, etc., aunque también servirían para este ejemplo).

Pues bien, JPG es un formato de imagen que la «comprime» significativamente para que ocupe menos espacio pero con una pérdida de calidad que no es significativa. ¿Y cómo hace esto?

Ya lo habrás adivinado, mediante la aplicación de un algoritmo bien definido y que inventó un comité de expertos denominado Joint Photographic Experts Group, allá por el mismo año en que yo hacía la comunión.

Un último apunte para terminar este capítulo: seguramente estarás oyendo últimamente y cada vez más conceptos como «aprendizaje automático» («*machine learning*») e «inteligencia artificial» («*artificial intelligence*»). ¿Verdad?

Tanto una rama de la computación como la otra consisten exactamente en lo mismo: aplicar algoritmos (ciertamente complejos, pero que muy complejos y sobre una cantidad enorme de datos) para, por un lado, hacer que un programa «aprenda» en función de datos de muestra o que se comporte de manera similar a como lo haría un humano.

Algoritmos, algoritmos y más algoritmos, por complejos que sean, porque, en esencia, lo único que sabe ejecutar un ordenador es eso: algoritmos en forma de programas.

10

INTERFACES DE USUARIO

Hemos visto hasta ahora conceptos muy importantes relacionados con la computación en general y la programación en particular.

No sé si te has preguntado al llegar aquí que si programar consiste básicamente en aplicar algoritmos sobre estructuras de datos, entonces, ¿qué tiene que ver eso con tu experiencia actual utilizando de forma gráfica dispositivos como tu PC o tu móvil?

Ese área de la programación se denomina «interfaces de usuario» («*user interface*» o UI).

Básicamente, las interfaces de usuario son todo aquello que nos permite «interactuar» con un dispositivo.

Cuando abres una aplicación cualquiera en tu escritorio de

Windows o Mac, aparecen ventanas con imágenes, botones, formularios, etc. que, en esencia, te permiten comunicarte con el programa que has abierto y darle instrucciones de lo que quieres hacer, de forma visual y gráfica.

Del mismo modo, cuando abres cualquier app en tu móvil, también accedes a una interfaz de usuario para trabajar con él.

En estos casos, estamos utilizando «interfaces de usuario gráficas», puesto que nos permiten comunicarnos con el dispositivo mediante gráficos, claro está.

¿Y cómo programamos esto? Te estarás preguntando.

Cada entorno de desarrollo que utiliza un framework particular, propone sus propias librerías para implementar y construir esas interfaces de usuario; a través de ellas, en tus programas creas con tu código los elementos que necesitas mostrar visualmente, dónde situar los botones, qué hacer cuando un usuario hace «clic» en ellos, etc.

Como te imaginarás, construir una interfaz de usuario cualquiera de escritorio, no es trivial por la cantidad de elementos involucrados, de ahí que el framework te facilite esta tarea de modo que tú, en tu programa, tan solo tengas que preocuparte de indicar qué quieres mostrar y cómo y qué código ejecutar cuando el usuario interaccione pinchando aquí o allá.

En .NET framework se ofrece Windows Forms para la

implementación de interfaces de escritorio para Windows; Swing, por su parte, es un framework para la construcción de interfaces de usuario de escritorio para Java; Electron, por poner otro ejemplo, te permite construir aplicaciones de escritorio con Node.js (Javascript). La lista de posibilidades es muy extensa.

GTK+, por indicar un último ejemplo, es una biblioteca (también se llaman así a las librerías) de código abierto para construir también componentes gráficos multiplataforma (esto es, compatible con diferentes sistemas operativos).

Como ves, por lo general, nunca un programador se plantea dedicarse a todos esos detalles de dibujo gráfico de las interfaces de usuario: se utiliza el framework o librerías más apropiadas para el proyecto en el que trabajas.

Hasta aquí en este capítulo hemos hablado de aplicaciones «de escritorio», las que abres desde tu ordenador o portátil o las app desde to móvil.

¿Y qué pasa con la web, cuando cada vez más operaciones de nuestro día a día las realizamos desde un navegador?

Las interfaces de usuario basadas en web son un mundo aparte y diferente de las que se implementan para ser mostradas y ejecutadas en el escritorio de un sistema operativo, y aquí entran en juego lenguajes estandarizados como HTML y CSS (ojo, son «lenguajes» pero no de programación, indican con su propia sintaxis qué es lo que tiene que mostrar el navegador).

Lo que denominamos «web», esto es, poder interactuar con todos los ordenadores conectados a Internet, nació cuando Tim Berners-Lee, un trabajador del CERN («*European Organization for Nuclear Research*») inventó un sencillo lenguaje de etiquetado que indicara mediante etiquetas cómo una aplicación denominada «navegador» podría mostrar una sencilla interfaz de usuario (descargándola del ordenador al que te conectas, al que se le denomina «servidor»).

Este lenguaje de etiquetado no es otro que HTML («*hypertext markup language*» o «lenguaje de etiquetado de hipertexto»). Mediante etiquetas (o «tags») se indica en archivos qué es lo que el navegador tiene que mostrar (dibujar) y cómo.

Lo que ahora usamos con la mayor naturalidad del mundo, una vez fue una auténtica revolución: en la época de la invención de HTML, el uso de los ordenadores conectados a Internet era prácticamente de carácter académico y se accedía de unos a otros por consolas remotas (líneas de comandos) y servicios de compartición de ficheros como FTP.

HTML supuso una revolución entonces y, como todo, ha evolucionado muchísimo a lo largo de estos años (la revisión y estándar actual es HTML 5, con una riqueza increíble para implementar interfaces de usuario avanzadas).

Para que te hagas una idea, aquí te dejo una simple página

web, que se guardaría en un archivo con la extensión «.html» con el etiquetado necesario mínimo para mostrar un simple mensaje en el navegador:

```html
<!doctype html>
  <html lang="es">
  <head>
    <title>La Era del Código</title>
  </head>
  <body>
    <h1>¡Programar mola!</h1>
  </body>
</html>
```

Sin entrar en detalles, vemos que son etiquetas con sus

nombres (como \<head> o \<body>) y que es un sencillo archivo de texto pero con una sintaxis particular (la que indica HTML, claro está).

Con la etiqueta \<h1> («header» o «cabecera») mostramos un texto a modo de título. Observa que las etiquetas vienen en pareja: una abre una sección (como \<h1>) y otra, después del contenido de la etiqueta, se cierra (con \</h1>).

Con HTML le decimos al navegador lo que tiene que «mostrar», esto es, dibujar en la ventana de éste.

Cada tipo de etiqueta tiene una serie de atributos o propiedades por defecto que indican, entre otras cosas, cómo mostrarlos en la ventana del navegador. ¿Cómo cambiarlos para que se adapte a lo que queremos mostrar?

Para ello está otro lenguaje con su sintaxis particular que se denomina CSS («*cascading style sheets*» o «hojas de estilo en cascada»). Mediante CSS, podemos indicarle al navegador cómo queremos mostrar algo en concreto modificando sus propiedades por defecto.

Al título anterior, vamos a ponerle un borde de color verde de dos pixels de ancho, así:

```
<!doctype html>
    <html lang="es">
    <head>
        <title>Quiero aprender a programar</title>
        <style>
            h1 {
```

```
        border: 2px solid green;
      }
    </style>
  </head>
  <body>
    <h1>¡Programar mola!</h1>
  </body>
</html>
```

Observa que hemos incluido algo nuevo entre las etiquetas <style>.

Con HTML más CSS, se pueden construir interfaces de usuario web desde las más simples hasta las más complejas.

Falta un detalle que te puedes estar preguntando: ¿y cómo interactúa la web? ¿Cómo se le puede añadir dinamismo y comportamiento?

Para ello, podemos incluir código en Javascript dentro del mismo documento mediante las etiquetas <script>, de ahí que Javascript sea un lenguaje de especial relevancia puesto que en los últimos años, todo o casi todo se está «moviendo a la web».

Una simple nota: trato de ser lo más simple posible en las descripciones para que se puedan entender bien, como comprenderás, hay mucho detalle involucrado en todo lo que te cuento; por poner un ejemplo, tanto los scripts de Javascript como los estilos indicados en CSS, se pueden indicar en archivos diferentes que el del fichero que contiene el documento en HTML.

Por último, crear aplicaciones web con interfaces de usuario más complejas usando exclusivamente HTML + CSS + Javascript, puede ser muy complicado, en el sentido de que habría que escribir mucho código.

Como siempre, el mismo concepto de librerías y framework vienen al rescate.

Para simplificar la creación de interfaces web, existen muchas librerías y frameworks hoy días muy populares, y que no hacen otra cosa que encapsular de algún modo la complejidad de usar HTML y el comportamiento de sus objetos dinámicos con Javascript para que puedas programar las interfaces web de una manera mucho más sencilla y mantenible.

Indiscutiblemente, los reyes actualmente (y digo esto porque cambia de año en año...), son React (de Facebook), AngularJS (de Google) y Vue.

Llegados a este punto, vemos la riqueza que tiene este sector en cuanto a formas y posibilidades de construir aplicaciones, usando diferentes frameworks y librerías, de modo que ya estarás intuyendo que no hay gurú que sea capaz de dominar todas las posibles opciones que existen a día de hoy, tan solo unas cuantas de ellas.

11

UNIÉNDOLO TODO: CÓMO FUNCIONA UNA APLICACIÓN WEB

Hasta aquí hemos visto una gran cantidad de conceptos que, por separado, aunque son necesarios y son realmente útiles e interesantes, no muestran claramente la importancia de cada pieza en el conjunto completo de una aplicación real.

De ahí que te voy a explicar brevemente, sin entrar en todos los detalles existentes, cómo funciona en general una aplicación web y todas las partes que la integran habitualmente, así vemos dónde encaja cada pieza, qué papel tiene y, de paso, consolidamos todo lo que hemos visto hasta ahora.

Recuerda que en nuestro sector hay miles de variaciones

para construir una aplicación que haga exactamente lo mismo, de modo que lo que aquí te explico es tan solo un ejemplo general pero ilustrativo.

Podría elegir otro tipo de aplicación, pero puesto que hay un enorme movimiento en nuestro sector porque la economía tiende a «llevarlo todo a la web» y también porque es posible que esta área sea la que más candidatos de trabajo precisa, me ha parecido mejor y más ilustrativo de cara a asentar mejor todos estos conceptos.

Voy a mostrar como ejemplo el mismo portal en el que trabajo para dar soporte a Mantra Framework (www.mantrajs.com). Échale un vistazo, aunque está todo en inglés, seguro que puedes moverte por las distintas opciones, abrir la sección de registro, etc.

Abres tu navegador e indicas la dirección siguiente:

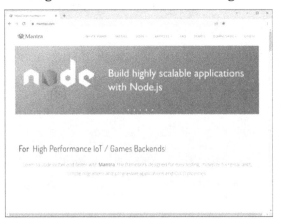

https://www.mantrajs.com

A partir de ahí, ocurren muchas cosas y te voy a contar solo la punta del iceberg, aunque ya sabemos que para usar un coche tampoco necesitamos ser expertos en su ingeniería y mecánica.

En primer lugar, cada dispositivo conectado a Internet, tiene una dirección formada por 4 bytes (un byte es un número que tiene un valor de 0 a 255). Esto lo determina el protocolo IP («*Internet Protocol*»).

Un momento, ¿protocolo? Esencialmente, un protocolo es un consenso que indica cómo dos dispositivos pueden comunicarse entre ellos, estableciendo unas normas claras mediante una especificación. El protocolo IP, obviamente, está implementado mediante un programa, como todos los protocolos de los que vamos a hablar aquí, claro está, y se está ejecutando en el dispositivo, bien en el mismo sistema operativo o en la electrónica de la tarjeta de red.

Pues bien, cuando le dices al navegador «abre la web https://www.mantrajs.com», lo primero que tiene que averiguar es cuál es la dirección IP de la web www.mantrajs.com.

Para ello, utiliza otro protocolo cuyo propósito es traducir «nombres de red» a sus direcciones IP, y este protocolo es el DNS («*domain network system*», o «sistema de nombres de dominio»).

DNS está formado por una red de miles de ordenadores que

lo implementan, llevando un registro distribuido de manera que cuando se le pregunta, «oye, cuál es la IP de www.mantrajs.com», uno de ellos responderá «la dirección IP a la que apunta ese nombre es la 104.248.17.114». Así que tu navegador, ya sabe a qué servidor le debe preguntar por https://www.mantrajs.com. Puesto que tu navegador está conectado a Internet, pregunta a esa IP algo como «oye, mándame el documento web de esta aplicación».

Otro protocolo, en esta ocasión el TCP («*transfer control protocol*» o «protocolo de control de transferencia»), es el encargado de hacer llegar esa petición desde el ordenador donde ejecutas tu navegador hasta mi servidor, esté éste dónde se encuentre físicamente en cualquier parte del mundo, mientras que esté conectado a Internet, claro. De hecho puesto que lo tengo con Digital Ocean (un proveedor de servicios en la nube, también veremos qué es esto más adelante), lo que sé es que está en algún centro de datos de Frankfurt, Alemania.

El servidor donde está instalada la aplicación web de Mantra es un servidor con sistema operativo Ubuntu (una distribución de Linux); en él se está ejecutando un servidor web (una aplicación cuyo único propósito es servir los documentos que conforman una web a medida que el cliente los solicita: imágenes, archivos CSS y JS, etc.); cuando recibe esa petición por parte de cualquier navegador cliente, esté donde esté ubicado en el mundo, le manda el contenido en formato HTML. El contenido de este documento es construido dinámicamente, ya que depende de en qué sección estés de la web o de si has abierto sesión con tu usuario y contraseña; según eso, devolverá un contenido u otro, y esta construcción del documento final lo hace mi aplicación en ese servidor que está funcionando en Frankfurt.

En cualquier caso, finalmente, el navegador recibe un documento en ese formato, y lo que hace a continuación es «renderizarlo», esto es, mostrar en la ventana del navegador todo lo que indica ese documento.

En él, habrá referencias a muchos otros archivos CSS (las hojas de estilo, recuerda) y JS (los scripts en Javascript), además de referencias a imágenes, etc., y el navegador se preocupará también de solicitarlo al servidor web donde está mi aplicación.

En cualquier caso, el navegador obtiene todo lo que tiene que obtener y, finalmente, unos cuantos milisegundos más tarde tan solo, ya tienes en tu navegador la web https://www.mantrajs.com visible y lista para que interactúes con ella.

No hay nada en especial en esta web, su funcionamiento es similar a millones de las que hay ahí afuera. Te recuerdo que hay cientos de formas de construir webs y no todas tienen el mismo propósito, claro está.

Ahora bien, algunas de las secciones de la web requieren acceder a información de una base de datos, como cuando apuntas a la sección de blog:

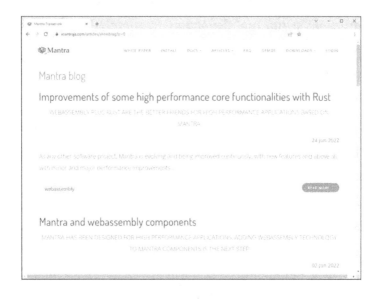

https://www.mantrajs.com/articles/showblog

Cuando el servidor web recibe esta petición, la redirige hacia la sección de código de mi aplicación para que devuelva el resultado esperado. Esto lo realiza un componente de mi aplicación denominado «*articles*».

La implementación de esta parte del componente busca las últimas entradas en el blog en la base de datos de artículos y que está implementada en una base de datos MySql.

Obtiene la lista de artículos a mostrar, la formatea para que se genere el código HTML necesario para mostrarlo en el navegador, y, cuando ya lo tiene todo listo, el documento final HTML completo es devuelto de nuevo al navegador, y éste te lo muestra renderizando ese otro documento.

Por otra parte, fíjate que la dirección que te he indicado comienza por «https»; éste es también un protocolo («*hypertext transfer protocol secure*» o «protocolo de transferencia de hipertexto seguro»), a diferencia de «http» (sin la «ese»), este protocolo le obliga al navegador a validar mediante el protocolo SSL un certificado digital que tiene que estar instalado en mi servidor web. Con SSL («*secure sockets layer*» o «capa de sockets seguro») aseguramos que la información que se transmite entre tu navegador y mi servidor esté «encriptada», esto es, la información que el servidor web devuelve o la información que el navegador envía (por ejemplo cuando te registras usando el formulario), se transforma y se oculta mediante claves para que nadie que la pueda interceptar pueda averiguar su contenido (a no ser que conozca esas claves, claro está).

Esto es importante, porque todo el tráfico de red que se genera «dentro de la misma red» es visible y puede ser accedida por cualquier dispositivo que esté conectado a ella.

Y, por cierto, ¿cómo se encripta (oculta) o desencripta (volver a obtener la información original)? Exacto, mediante la aplicación de algoritmos bien conocidos y establecidos.

Existe un área de la ciencias de la computación muy importante que estudia y desarrolla todo esto y que se denomina criptografía (algoritmos, algoritmos y más algoritmos).

Hay varios elementos que he obviado por simplicidad, pero de este modo puedes ver de forma general cuál es el proceso básico por el que una aplicación web funciona y cómo un navegador accede a su interfaz de usuario.

Para ello, hay que cubrir muchas áreas diferentes: HTML, CSS, Javascript, el mismo framework que utilizo en el lado del servidor para implementar la aplicación web (que en este ejemplo es Mantra Framework), acceso a datos provenientes de varias bases de datos instanciadas en MySql, etc. Por su parte, los protocolos HTTPS, SSL, IP, etc. son transparentes para nosotros porque están implementados a nivel del sistema operativo, como dijimos.

Mucho que aprender, así es, mucho que programar, también, de ahí que te cuento todo esto en este capítulo para que ya sí o sí comprendas que aprender a programar con un lenguaje de programación no es más que el comienzo de un bonito y creativo viaje. Más que abrumarte, lo que quiero es mostrarte es la enorme riqueza técnica y creativa que hay detrás de una simple web dinámica como www.mantrajs.com (en realidad, detrás de ese proyecto a muchísimo trabajo).

Te preguntarás, ¿pero tendría que aprender de todo eso

para dedicarme a esta profesión?

En absoluto, para nada: puedes ser especialista en «frontend», en «backend» o en implementación de bases de datos, y en otras áreas que también veremos más adelante.

Pero hay un tipo de perfil técnico denominado «*fullstack developer*»: Observa, en este ejemplo hay una parte de interfaz de usuario web, otra de las aplicaciones web que se ejecutan en el servidor, también todo lo relacionado con el repositorio de datos, ¿verdad?

Pues bien, a los desarrolladores que dominan todas estas áreas en su conjunto se les denomina «*fullstack developers*», y te hablo de este perfil en el siguiente capítulo.

12

FULLSTACK DEVELOPERS

Este es un concepto muy extendido entre la comunidad de desarrolladores de software y nuestro sector.

Ya hemos visto que existe un conjunto de aplicaciones que requieren, por decirlo de alguna forma, de «varias habilidades o especializaciones» para cada una de las partes de que se compone, como las aplicaciones web que hemos visto en el capítulo anterior:

- Por un lado, una interfaz de usuario.
- Por otro, un servidor que tiene que «alimentar» de algún modo la información que muestra esa interfaz de usuario, exponiendo servicios etc.
- También la persistencia de los datos en el lado del servidor

mediante bases de datos.

Si lo piensas bien, para las interfaces de usuario, siguiendo con el ejemplo de una aplicación web más o menos compleja, necesitas conocer ya no solo los lenguajes fundamentales de una interfaz de usuario web (HTML + CSS + Javascript), sino también algún framework que abstraiga lo suficiente para poder construir mejor y más rápido esa interfaz (como Angular o Vue, por poner algunos ejemplos). Ya solo esto, te confirmo que tiene bastante enjundia, sin pensar en aspectos de diseño y usabilidad (UX) que también son áreas independientes en el desarrollo de software.

A toda esta parte «visual», la denominamos «*frontend*»; sin una traducción que suene bien en castellano, yo lo traduciría como «lo que se ve».

Por su parte, para que esa UI funcione, necesita conectarse a servicios que se están ejecutando en un servidor. Esos servicios exponen la información que la UI necesita mostrar, así como implementar las operaciones que ésta necesita ejecutar (como por ejemplo, el proceso de compra de un artículo).

Todo esto, esa parte de la arquitectura de una aplicación que se ejecuta «en el lado del servidor», se denomina «*backend*», o «todo lo que está detrás».

De nuevo, por simplicidad, te estoy dando una visión

sencilla y elemental de la arquitectura básica de una aplicación web.

Como ves, aunque formen parte de un todo, en realidad el sistema que se implementa desarrolla aplicaciones distintas que se comunican: la del «*frontend*» y la del «*backend*».

Sigamos con todo este galimatías...

Como hemos dicho, la mayoría de aplicaciones más o menos complejas, necesitan persistir datos utilizando alguna base de datos para ello, como no puede ser de otro modo.

Por tanto, para construir este sistema, también necesitamos conocer suficientemente bien la base de datos que se haya elegido utilizar (como PostgreSQL o MongoDB, por poner unos ejemplos).

Pero es que ahí no queda la cosa, puesto que una aplicación que desarrollas («UI + el lado del servidor + BBDD», o lo que es lo mismo, «*frontend + backend* + BBDD»), no termina en cuanto has implementado todos los requisitos que te han pedido: la tienes que «desplegar» en producción, esto es, tienes que adaptarla de algún modo para que funcione correctamente «en vivo» para que los usuarios o el cliente pueda utilizarla, lo cual es un mundo aparte.

Para ello, seguramente tengas que utilizar algún servidor web, administrar algunas máquinas de producción y administrar también el mantenimiento de una BBDD y todo lo que ello implica.

Si ese despliegue lo haces en «*cloud*» o «en la nube» (más adelante vemos qué es esto), también tienes que conocer bien el proveedor en la nube que uses (Azure, AWS, Google Cloud, Digital Ocean, etc.).

Esto es, tienes que conocer un auténtico batiburrillo de tecnologías que, todas juntas, dan vida al sistema que has construido: ni sobra ni falta nada.

Un «*fullstack developer*», que se podría traducir al castellano de una manera que no suena muy como «desarrollador software que domina la pila completa de tecnologías», es aquel que, precisamente, conoce lo suficientemente bien todas las tecnologías del sistema completo para desarrollarlo por él mismo y desplegarlo en producción con éxito.

En este punto del libro, ya habrás abierto los ojos y te habrás dado cuenta de que conocer bien un lenguaje de programación (o varios) es tan solo una parte necesaria pero para nada suficiente para desarrollar con éxito nuestra profesión.

Yo me considero un «fullstack developer», y te pongo tan solo un ejemplo de todo lo que hay detrás de la web que mantiene el framework Mantra y que he desarrollado y evoluciono yo mismo (www.mantrajs.com), de hecho, es mi dedicación fundamental actual en el momento de escribir este trabajo:

- Frontend: HTML + CSS + jQuery + Mustache + Javascript (claro está).

- Backend: Node.js (Javascript), conocimiento de multitud de proyectos integrados en Mantra así como testing con Mocha.

- BBDD: MySql, utilizado a través de mi proyecto RedEntities (que soporta PostgreSQL, MariaDB, AuroraDB, SQLite, etc.).

- Despliegue en producción: máquinas con el sistema operativo Ubuntu Server en el proveedor en la nube Digital Ocean y con el servidor web de nombre Nginx, lo que implica administrar esas máquinas, administrar y mantener la instancia de MySql, etc.

Todo esto no se aprende en un día, por eso siempre afirmo que nuestra profesión es más bien un «camino incremental» en el que con cada paso que das, puedes construir cosas cada vez más interesantes y satisfactorias.

Nada te obliga a ser un *fullstack developer*», también te puedes especializar en un área de trabajo concreta. Tu camino lo eliges tú con aquello que más te apasione.

13

APPLICATION PROGRAMMING
INTERFACE (API)

Aunque en este libro no profundizo en los detalles de la mayoría de conceptos relacionados con la programación que estamos viendo, puesto que es un libro introductorio a ellos, sí quiero que cuando termines el último capítulo, tengas una idea general y clara de los más relevantes.

Las APIs es uno de ellos y forma parte del conocimiento de cualquier programador.

Hemos hablado de librerías o bibliotecas y frameworks, como partes fundamentales de cualquier programa. También hemos comentado que desde muchas aplicaciones web, en la parte del navegador «se le piden datos» al programa que se está ejecutando en el servidor, ¿verdad?

Pero, ¿cómo utiliza tu programa un framework cualquiera? ¿Cómo el programa cliente del navegador le pide esa información que necesita al servidor?

Para ello está el concepto de «interfaz de programación de aplicaciones» o API: viene a ser como un intermediario que permite que dos programas diferentes (o dos paquetes de código diferentes, se ejecuten donde se ejecuten) se comuniquen entre ellos.

Imagina que mi programa incluye una librería para generar documentos en formato PDF. ¿Cómo usaría mi programa esa librería? ¿Cómo sabríamos nosotros los programadores cómo usarla?

De alguna manera, la librería tiene que indicar algo así como «oye, si quieres que genere un documento PDF, tienes que ejecutarme llamando a esta función con estos parámetros, etc.». Es decir, que, de algún modo, la librería te indica cómo usarla, mediante una serie de métodos o funciones bien definidos, documentados y con ejemplos.

Pues bien, a ese conjunto de métodos y funciones con el que esa librería «expondría» su funcionalidad, se le llama la API de la librería, para que mi programa pueda comunicarse con ella para usarla.

APIs hay de muchos tipos y lo que te he indicado en los párrafos anteriores no es más que un ejemplo.

Un escenario habitual es que un programa (como puede ser el código Javascript que se ejecuta en una aplicación web en el navegador), necesite obtener de algún sitio cierta información. ¿Cómo haría esto? Llamando a la API correspondiente que la estará ejecutando un programa en algún sitio.

En este caso, puesto que la máquina donde está el código cliente (ese programa que necesita la información) y la máquina donde está publicada esa API, son máquinas diferentes, se necesita usar un protocolo de comunicaciones para que los dos se puedan hablar.

Los más habituales son REST, RPC y SOAP, cuyos detalles están más allá del objetivo de este libro, pero apúntate estos términos, por favor.

Lo que me interesa que sepas en este capítulo es que el concepto de API está presente en casi cualquier programa que desarrollemos y que tengas claro que cuando un programa necesita usar la funcionalidad de otro (sea éste una librería o framework o sea otro programa que se ejecuta en otro ordenador), se utilizan las APIs correspondientes.

Es más, hay empresas cuyo servicio es publicar y rentabilizar económicamente APIs que ofrecen información de utilidad para que los desarrolladores podamos integrarla en nuestras aplicaciones.

Sin ir más lejos, cada vez que ves en una web un mapa de

Google Maps, está usando internamente la API pública de Google para mostrar el mapa y toda la funcionalidad que presente, cuya documentación puedes ver aquí:

https://developers.google.com/maps/documentation

Igualmente, redes sociales tan populares como Facebook y Twitter, ofrecen públicamente un conjunto de APIs para poder construir funcionalidad sobre los servicios que ofrecen.

Por ponerte otros ejemplos prácticos que yo mismo he usado: conozco bien la plataforma de pagos por Internet Stripe, lo he usado e integrado en numerosos proyectos:

https://stripe.com/es

Pues bien, ¿cómo crees que lo puedes usar para construir una aplicación web o móvil que quiera vender algo y gestionar el pago por parte del cliente? Stripe ofrece su propia API que tú usas e integras en su aplicación, como no puede ser de otra forma.

Del mismo modo, en alguna aplicación que gestión masiva de ficheros, tuve que usar el servicio de almacenamiento de Amazon S3; su integración en la aplicación... a través de su API, claro está:

https://aws.amazon.com/es/s3

Por último, suelo usar Sendgrid para la integración de envíos de correos y campañas desde los proyectos web en los que trabajo (como www.mantrajs.com). Igualmente, desde su API, el envío de correos es, sencillamente, trivial:

https://sendgrid.com/

Esto es, casi inevitablemente, cuando comiences a construir alguna aplicación con mayor funcionalidad o complejidad, necesariamente tendrás que usar APIs de terceros, conocerlas e integrarlas en tus aplicaciones.

14

EL SOFTWARE SE CORROMPE

Quizá te llame la atención el título de este capítulo (sí, no es una errata, lo has leído bien), aunque te aseguro que si al inicio de mi carrera profesional hubiese sabido una décima parte de lo que ahora sé sobre la «naturaleza del software», quizá habría sufrido menos estrés en algunos momentos de mi vida :-).

Puesto que puede que seas alguien que está comenzando a programar o se lo está pensando, saber que tu código se va «corrompiendo» a lo largo del tiempo (si no haces nada, claro) te puede dar una ventaja significativa en esta profesión. Te lo explico.

El trabajo principal de un programador suele consistir en «añadir nueva funcionalidad» a la aplicación que está construyendo. Para ello crea métodos o funciones nuevas, modifica o crea nuevas interfaces de usuario, añade nuevos métodos a APIs, etc.

Pues bien, el código que generas «la primera vez» que construyes esa nueva funcionalidad casi nunca es el «mejor código posible», en términos de sencillez, simplicidad, legibilidad (que se pueda entender), etc.

Puede que esa primera versión de la funcionalidad que implementas funcione bien, o consigues que funcione después de corregir algunos errores, y puesto que funciona bien, te dices algo así como «pues ya está, ahora a otra cosa» y te pones a implementar una nueva funcionalidad o te vas a tomar un café.

Y te olvidas de cómo has implementado esa primera funcionalidad, puesto que, como funciona, ¿para qué preocuparse?

Al día siguiente añades una segunda nueva funcionalidad del mismo modo, sin tocar nada de la primera, y haces exactamente lo mismo, la dejas tal cual en el momento en que haces que funcione.

Puede que al tener que implementar una tercera y cuarta y quinta nueva funcionalidad, te veas en la necesidad de modificar en cierta medida el código que hiciste para la primera y para la segunda. Es más, es lo habitual y lo normal, y esta característica es consustancial al desarrollo de software.

Déjame que sea pesado con el ejemplo: cuando vayas a implementar la sexta, séptima, etc. funcionalidad nueva, te vas dando cuenta de un efecto curioso: cada vez te cuesta más trabajo y esfuerzo añadir algo nuevo a la aplicación y cada vez provocas más errores cuando añades la enésima funcionalidad, puesto que al tocar una parte de la aplicación, provocas un error en la segunda funcionalidad que hiciste, quizá, semanas atrás, donde nunca te lo podrías haber imaginado, o quién sabe.

Upps, y aquí comienzan los problemas: esa es la forma en que decimos que el software o el código «tiende a corromperse»... si no se emplean las tácticas adecuadas.

Y lo triste es que la mayoría de los programadores (en especial los que acaban de aterrizar en la profesión y los menos experimentados), es así como trabajan, aumentando su frustración en el día a día porque pasan más tiempo corrigiendo errores que añadiendo funcionalidad.

En esencia, así es cómo se generan aplicaciones de mala calidad, difíciles de evolucionar (añadir más funcionalidad), difíciles de corregir (de detectar y solucionar dónde están los errores) y difíciles de mantener en producción, esto es, como decimos en software, construyes de ese modo «una gran bola de barro» (muy metafórico, por cierto, porque viene a decir que has construido la aplicación añadiendo pegotes de barro uno encima de otro).

Esto es un drama para la industria del software, puesto que una aplicación construida de ese modo será, necesariamente, menos rentable que una construida con mayor calidad.

En software, en ocasiones es tan importante «eliminar y modificar» que «añadir», pronto lo entenderás.

El desarrollo de software es una actividad «incremental»: la nueva funcionalidad que se añade, se construye habitualmente sobre la ya existente. Las implicaciones de esta afirmación tienen un calado profundo y su comprensión determinará que en el futuro seas un programador excepcional o del montón.

La cosa empeora aún más cuando lo habitual es que cuando programamos, en muchas ocasiones, no sepamos ni siquiera qué nueva funcionalidad habrá que añadirle a la aplicación en el futuro; es como si te dijeran, construye una casa y del tejado y dónde van las ventanas... ya hablaremos. De locos, pero gracias a la maleabilidad del software, esta falta de definición la podemos enfocar correctamente.

Si programamos del modo en que te he indicado en el ejemplo anterior, el resultado final suele ser, en algún momento, tarde o temprano, un proyecto software inviable y que hay que tirar a la basura y comenzarlo de nuevo (y de paso perder dinero). Lo he visto en más ocasiones de las que me gustaría.

¿Cómo evitamos que ocurra todo esto?

Programar no es solo escribir líneas de código, parte del trabajo consiste también en «diseñar», esto es, cuando desarrollamos una aplicación, estamos creando un «diseño». ¿Qué es el diseño de una aplicación?

Esencialmente, el diseño indica cómo están relacionadas, estructuradas y organizadas cada una de sus partes: cuanto mejor sera el diseño para el propósito de la aplicación, mayor calidad tendrá ésta y más fácil será incluir nueva funcionalidad o modificar la existente.

Del mismo modo que un mal diseño de un edificio puede tirarlo abajo tan pronto como un débil terremoto ocurra, los problemas que hemos visto antes que pueden producirse en nuestra aplicación se deben a un mal diseño y a una mala calidad del código. No hay más.

Existen diseños de aplicaciones bien conocidos y arquitecturas y diseños específicos para resolver cierto tipo de problemas en software. Te quiero decir con esto que, para ser un buen programador, tendrás que aprender sobre diseño y arquitectura software, y esto va más allá de saber emplear un lenguaje concreto.

Bien, el software se «corrompe» necesariamente si no hacemos nada, pero aquí te cuento el antídoto.

Vamos a programar la misma aplicación que al principio, pero mediante otro enfoque conceptual.

Implementamos la primera funcionalidad, comprobamos

que funciona, perfecto.

Pero no nos vamos aún a por el café. Nos preguntamos, ¿es el código que he creado suficientemente simple? ¿Hay algo que puedo mejorar? «Mmmm, esta parte no la entiendo ni yo, a ver si la puedo simplificar».

Esto es, antes de darla por terminada, le das una vuelta y vuelves al código y lo mejoras en todo aquello que creas que pueda ser mejorado. Puesto que estás empezando en este mundo, déjame decirte que no estás solo para saber cómo mejorarlo, existen tácticas y técnicas de mejora de la calidad del código que te guían para que éste sea de la mejor calidad posible, lo vemos en el capítulo de «refactoring y testing».

Puedes pensar que así vas a perder tiempo y que te va a costar más terminar esa primera funcionalidad, y aquí se encuentra otra de las sutilezas del desarrollo de software: con la práctica, esas mejoras que aplicas te llevarán poco tiempo, y, como comprobarás, al tener esa primera funcionalidad con mayor calidad, menos esfuerzo vas a necesitar seguramente para la segunda y tercera: los minutos que dedicas a mejorar algo ahora, te ahorraran horas más tarde, garantizado.

Pues bien, al día siguiente, como decíamos, tienes que integrar una segunda nueva funcionalidad, y haces exactamente lo mismo: antes de darla por terminada, aunque funcione, le das otra vuelta para mejorar la calidad del código nuevo que has escrito, igual que hiciste con la primera.

Y haces lo mismo con la tercera, cuarta y quinta funcionalidad.

Sin embargo, a medida que vas avanzando en la aplicación, te vas dando cuenta de que para añadir nuevas características, quizá el diseño actual no es el más adecuado, y, entonces, te paras un momento a ver cómo puedes mejorarlo para que toda la funcionalidad encaje mejor en él. Esto es, dedicas también tiempo a mejorar el diseño a medida que tu aplicación crece en tamaño.

Sin darte cuenta, puesto que has ido mejorando la calidad del código así como de diseño, mágicamente, cuando llegas a la enésima funcionalidad, ésta se puede integrar con más facilidad y menos fricciones con todo lo que llevas hecho, ahorrando tiempo de desarrollo y produciendo menos errores.

Es más, haces ejercicios curiosos como cuando te das cuenta de que hay una parte del código que se repite en varias partes de la aplicación o «huele a algo parecido y demasiado similar», y decides extraer esas duplicidades para que no se repitan tanto y aislarlas en un único sitio (has hecho, sin saberlo, tu primer «refactoring» o mejora de diseño).

Esto es, mientras programamos, una parte esencial de esta actividad consiste en:

- Mejorar y simplificar lo existente antes de continuar.
- Mejorar el diseño a medida que la aplicación crece.

- Aplicar todas las técnicas de mejora de código que conoces continuamente.
- Repetir lo anterior hasta la saciedad.

Si no lo haces así, necesariamente tu código se irá «corrompiendo» y será imposible de evolucionar y mantener. Para evitarlo, tienes que emplear el segundo enfoque que hemos descrito en esencia y, sencillamente, tu vida como programador será más fácil: nunca te quedes tranquilo mientras exista algún aspecto de tu código que puedas mejorar.

Ahora bien, ¿cómo mejoramos un código existente? Existen las técnicas de «refactoring» de las que te voy a hablar en el siguiente capítulo.

Moraleja: recuerda esto, como programador tu trabajo no es «crear código nuevo constantemente», sino mejorar el existente como parte de ese trabajo.

Con los años y la práctica, vas desarrollando cierta intuición acerca de si una aplicación está escrita con calidad o no, con solo ver su estructura y la naturaleza de su código.

15

REFACTORING Y TESTING

Hemos visto en el capítulo anterior cómo a medida que programamos y añadimos funcionalidad a nuestra aplicación, ésta tiende a «corromperse», en el sentido que hemos descrito.

También hemos visto que tenemos que mejorar continuamente todo lo que tenemos hecho, incluyendo aspectos de diseño.

Pero, «¿cómo detecto qué debo mejorar y cómo, si para mí está todo bien?», te preguntarás.

Claro, la falta de experiencia nos puede jugar una mala pasada, porque no imaginamos los problemas que puede plantear algo haciéndolo de cierto modo hasta que nos damos de bruces contra la pared una y otra vez, lo cual es una forma dolorosa (y costosa) de aprender.

En programación, la experiencia lo es todo, por eso siempre recomiendo participar y realizar muchos proyectos diferentes y programar muchas horas.

Evita aprender por prueba y error en lo posible, más aún cuando en el asunto del que estamos hablando, existe una literatura técnica muy rica que te indica claramente cómo mejorar la calidad de tu código.

Existe un libro clásico que tienes que leer y estudiar tan pronto comiences a programar; se trata de «*Refactoring: Improving the Design of Existing Code*» («Refactoring: Cómo mejorar el diseño del código existente»), de Martin Fowler (me temo que no está en castellano aunque puedes encontrar todas las recetas que describe en la web en español).

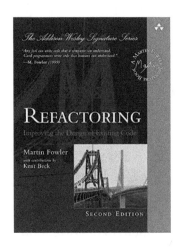

En términos generales, hablamos de «refactorizar» como una actividad de mejora de cualquier aspecto de nuestra aplicación; no obstante, originariamente, ese concepto en inglés de «*refactoring*» hace referencia a un conjunto de situaciones bien identificadas por Martin Fowler en ese libro de referencia, en donde, para cada una de ellas se indica también cómo mejorarla.

Al principio tendrás que estudiar las técnicas, con el tiempo, las aplicarás de forma natural e intuitiva.

Piensa por un momento: ¿cómo sería tu aplicación de 20 KLOCs si a lo largo de su desarrollo has aplicado unas doscientas tareas pequeñas de mejora? Pues eso, mucho mejor, del mismo modo que este libro lo he revisado unas cinco veces antes de publicarlo, y, en cada pasada he corregido una pequeña errata, he mejorado frases, he añadido, he quitado, hasta verlo con la calidad suficiente para que tú lo leas.

En ocasiones, es el mismo IDE de desarrollo que utilizas el que incluye herramientas para aplicar esas técnicas de mejora.

Curiosamente, a medida que mejoras tu código y su diseño, éste se reduce frecuentemente en tamaño. ¿Por qué? Porque encuentras muchas duplicidades y abstraes mejor la funcionalidad.

Antes de comenzar una nueva versión de Mantra

Framework (el proyecto al que actualmente le dedico más tiempo de trabajo), siempre dedico unos días a buscar qué mejorar, tanto en la calidad de su código como de diseño. Y esto no es un gasto, es una inversión, porque eso me permite añadir mejoras más rápidamente. Curiosamente, siempre encuentro aspectos, por pequeños que sean, a mejorar.

Ahora bien, fíjate que el título de este capítulo es «Refactoring y testing».

Imagina que en tu aplicación tienes implementadas un conjunto de cincuenta funcionalidades, y aplicas una mejora en una de ellas, te das cuenta, por ejemplo, de que en varias funciones hay un trozo de código similar que hace lo mismo y que puedes aislar en una nueva y única función común y así reutilizas esa funcionalidad.

Esto es, al cambiar «algo» en tu aplicación, ¿cómo sabes que esa funcionalidad que has mejorado sigue funcionando? ¿Cómo tienes la certeza de que ese cambio, por pequeño que sea, no ha afectado al resto de la funcionalidad creando errores que antes no se producían?

Mediante las técnicas de «*testing*» («probar»).

El «*testing*» es una disciplina del desarrollo de software por la creamos código para... eso precisamente, comprobar que nuestro código funciona correctamente.

En tu aplicación no solo existirá el código que implementa la funcionalidad que realiza, sino que también existirá código para probar que todo funciona correctamente (al menos, todo lo posible).

Existen varios tipos de tests, cuyos detalles van más allá del objetivo de este libro, como los unitarios, de integración, pruebas de aceptación, etc. Te explico todo esto para que sepas que el «*testing*» es un área de vital importancia en cualquier proyecto software. Un proyecto sin testing es menos profesional que uno que incluye tests que permite comprobar que un porcentaje alto del código de la aplicación, funciona correctamente.

Incluir «*testing*» en tu aplicación es lo deseable, pero también te advierto que en software, probar exhaustivamente toda tu aplicación, toda la funcionalidad, todos los caminos posibles de ejecución, etc., es, sencillamente, «demasiado caro», por la cantidad de escenarios de prueba que habría que realizar, de modo que en la mayoría de proyectos, nos conformamos con tener un porcentaje de código cubierto por pruebas «aceptable». En ciertos sectores, como el aeronáutico, como comprenderás, la exigencia de testing de las aplicaciones es muchísimo mayor, pasando incluso por auditorías externas que comprueban la calidad del código generado.

Imagina que has ido implementado tests a medida que construías la aplicación y, quizá, al final, te sale una lista de unos 500. Los IDEs tienen utilidades específicas para ejecutarlos, de modo que cuando haces un pequeño cambio en la aplicación, ejecutas de nuevo tu batería de tests y así descubres que todo sigue funcionando bien o si se ha roto algo.

Es posible que como programador con poca experiencia, al principio veas con desagrado tener que escribir también tests (aunque es común en las compañías que existan miembros del equipo encargados de esa actividad), pero esto será así hasta que compruebes por ti mismo que el contar con una batería de tests te ahorra tiempo a medio y largo plazo y te aseguras de que todo sigue estando bien en tu aplicación.

Veamos un ejemplo muy sencillo sin entrar demasiado en los detalles; vamos a escribir varios tests para la siguiente función en Javascript que indica si un número es par:

```
function esPar( n ) {
    return n % 2 == 0;
}
```

El símbolo '%' es el operador para la función matemática de «módulo», esto es, cuando se aplica, devuelve el resto de la división entre el primer valor y el segundo. La función devuelve 'true' si es par y 'false' si no lo es (un tipo de valor que se llama «booleano», que solo puede ser verdadero o falso).

¿Cómo sabes que esta función hace lo que dice que hace?

De acuerdo, esta función es trivial y tiene una única línea de código que parece que funciona, pero lo vamos a demostrar escribiendo funciones de tests, como las siguientes:

```
function esPar_test1() {
    assert.equal( esPar(1), false );
}

function esPar_test2() {
    assert.equal( esPar(2), true);
}
```

Las funciones de test, dependiendo del entorno y las librerías que uses, tienen un aspecto u otro.

Lo importante es que tienes dos métodos que, cuando los ejecutes, te van a asegurar que la función esPar(), en cierta medida, para los casos que pruebas, funciona correctamente.

Puede que mañana veas una nueva forma de comprobar si un número es par y cambias la función. ¿Cómo sabes que funciona bien? Ejecutando de nuevo sus tests. Piensa que si la función no funciona correctamente, tampoco lo hará el resto del código que la utilice, como es obvio.

Espero que comprendas a un nivel elemental la importancia de tener en cuenta las prácticas de «*testing*» en tu trabajo como programador, porque es lo profesional y de vital importancia.

Por último, te voy a contar otra de las sutilezas del software que, te aseguro, hasta muchos desarrolladores sénior les cuesta comprender.

Si escribes tu código tal y como planteamos en un capítulo anterior de ese modo tal y como te sale por primera vez sin mejorarlo, seguramente compruebes que hacer tests sobre él va a ser muy complicado o imposible.

Solo puedes crear tests para probar un código que es «testeable», esto es, que tiene un diseño y una forma que se puede probar.

Y aquí está lo mágico del asunto: este aspecto del software hace que si queremos testear nuestro código, éste tiene que ser testeable y, para ello, tener un mejor diseño.

Esto es: el «*testing*» nos obliga y dirige a crear un software con mejor diseño. Nada más y nada menos.

Te muestro a continuación el resultado de ejecutar algunos de los tests de Mantra Framework en el estado actual de su desarrollo:

Ejecución de parte de los tests de Mantra Framework

16

REQUISITOS Y METODOLOGÍA: SOFTWARE ÁGIL

Uff, reconozco que después de este último capítulo sobre «*refactoring*» y «*testing*» que he intentado describir lo más simple posible, puede que te sientas algo extrañado, y te digas algo así como «¡pero si yo compré este libro para ver de qué va eso de la programación pensando que solo se trataba de escribir código!».

Como ya te habrás dado cuenta, eso es verdad a medias; es como pensar que por conocer bien las habilidades de un albañil, como encofrar, levantar paredes, saber hacer bien la mezcla, nivelar el suelo al colocarle las baldosas y mil cosas más de las que yo no tengo ni idea, por tanto, puede levantar un rascacielos de cincuenta plantas de altura y además sostenible medioambientalmente.

Programar es nuestra habilidad técnica fundamental (o lo que es lo mismo, traducir problemas a código), pero también es como el álgebra básica y elemental para un matemático, pero eso no te garantiza crear un software profesional (mantenible, rentable, testeable, etc.).

Nuestra profesión es un camino en la que tú llegas hasta donde te lo propongas.

En cualquier caso, si crees que aprendiendo algo que está de moda ya no vas a tener que aprender nada más en la vida, estás tremendamente equivocado, y eso ocurre en esta y en la mayoría de las profesiones.

Un buen programador es un buen y constante aprendiz.

Si no te gusta conocer nuevas herramientas, técnicas y habilidades, esta profesión no es para ti y, para ello, tendrás que dedicar parte de tu tiempo ya no solo a aprender temas nuevos, sino a mejorar aquellos de los que ya sabes algo.

Termina el circunloquio...

Ahora te voy a hablar de otro concepto mantra en el desarrollo de software y que hará que este capítulo vaya cerrando el círculo para mostrar esa visión completa de nuestra profesión, que es el objetivo de este libro.

¿Cómo indica un cliente lo que necesita que le construyamos en un proyecto software?

Alguien de la organización para la que trabajas, o tú mismo si eres freelance, tendrá reuniones con el cliente; éste indicará qué necesidades tiene (o la mayoría de ellas) de modo que en algún momento del proceso, alguien se encargará de poner por escrito esas necesidades en forma de lo que denominamos «requisitos» (o «requerimientos», es lo mismo).

Los requisitos vienen dados en una lista y nos sirven de punto de partida para que el equipo de desarrolladores sepa lo que tiene que construir.

Pensarás que esto es una frivolidad que te lo cuente, por lo evidente, pero lo que no es tan evidente es que el éxito del proyecto software depende fundamentalmente de:

- La calidad de los requisitos (¿se han tomado correctamente?, ¿expresan de forma expresa y clara lo que el cliente quiere?, ¿qué prioridad tienen?, etc.).
- ¿Los entienden los desarrolladores?
- La forma en que se gestionen esos requisitos.
- ¿Construimos software capaz de incluir futuros requisitos que aún ni conocemos?

De ahí que me haya tomado la molestia de escribir este capítulo, porque es muy importante en nuestra profesión.

Contar con una lista clara, pulida, bien definida y consensuada con el cliente, es fundamental para construir el software que éste espera.

En Mantra Framework, sin ir más lejos, siempre tengo una lista de requisitos nuevos que el framework tiene que implementar; en cada nueva versión que planifico, tomo unos cuantos (los elijo según su importancia y la utilidad que le pueda aportar a quienes usan el framework) y, a continuación, los implemento.

Otra frivolidad, pensarás, pero lo sutil, quizá, es comprender que para no trabajar a salto de mata y para que sepamos exactamente lo que tenemos que crear, tenemos que indicarlo claramente en algún sitio, accesible por todos los involucrados y asegurarnos de que todas las personas que participan en el proyecto lo comprenden igual: eso son los requisitos.

Requisitos mal tomados o mal comprendidos = proyecto fracasado.

He visto proyectos que se han cancelado (perdiendo dinero) no porque los desarrolladores no hiciesen bien su trabajo, sino porque los requisitos más importantes no fueron tomados con exactitud.

Si alguna vez trabajas en un equipo en donde no hay cultura de una toma de requisitos bien establecida y éstos llegan por teléfono, correos o conversaciones al lado de la máquina de café de la oficina, entonces tus alarmas deben saltar inmediatamente: peligro, peligro, peligro.

He participado y dirigido muchos proyectos (más de los que recuerdo), y antes de comenzar a teclear una línea de código (yo o los equipos que he dirigido) me he tomado muy en serio la toma de requisitos: hasta no estar clara no se ha escrito ni una línea de código (al menos en una primera iteración, más adelante veremos qué es esto).

Por último, en relación a los requisitos, una última cosa: lo normal es que éstos cambien a lo largo de la vida del proyecto o que se modifiquen; lo habitual es que no estén escritos en piedra, y esto tiene repercusiones en el trabajo de nuestro día a día.

En otro orden de cosas, una vez que tenemos esa lista de requerimientos, ¿cómo la gestionamos?

Mediante la metodología, querido Watson.

¿Qué es una metodología en software?

De nuevo, ninguna metodología o metodología mal implantada = proyecto fracasado.

En esencia, la metodología indica un conjunto de procesos y procedimientos que describen cómo trabajar en un proyecto software. Olvídate de una concepción demasiado académica de «metodología», la mayoría de las veces, le metodología que sigue un equipo se puede comprender en unos minutos.

Lo que quiero que te grabes a fuego en tu cabeza es lo siguiente: el correcto seguimiento de la metodología empleada durante el desarrollo de un proyecto software determina la calidad de éste y sus resultados (y me atrevo a decir que hasta el estrés de los miembros del equipo).

En software existen diversas metodologías de trabajo y es también un campo muy interesante de estudio y evolución.

Una metodología clásica es la que se denomina «en cascada», y es la que se usaba principalmente hace muchos años cuando la industria del software no era tan madura como ahora; en ella, esencialmente, se seguían los siguientes pasos:

1. Se tomaban los requisitos.
2. Se hacía un trabajo de diseño y arquitectura del proyecto software.
3. Se hacía la implementación (se programaban los requisitos bajo ese diseño y esa arquitectura).
4. Se verificaba al terminar el paso anterior que todo funcionase.
5. Se entregaba al cliente.

Quizá pienses «pues vale, no está mal, ¿qué problema hay?», pero sí está mal, muy mal de hecho, algo que en la industria hemos aprendido durante décadas analizando por qué tantos proyectos software fracasaban.

Muy brevemente, esta metodología presenta muchos inconvenientes, sobre todo en proyectos grandes y complejos:

- Supone que los requisitos están bien tomados y son exactos (esto casi nunca ocurre, porque en muchas ocasiones, el cliente no tiene claro realmente todos los detalles de lo que necesita, hasta que comienza a ver lo que se le está construyendo).

- Hacer y plantear un diseño y arquitectura del sistema a construir «al principio» se ha demostrado que es un enfoque erróneo, puesto que después todo lo que construyes lo tienes que «encajar» de algún modo en ese corsé.

- Una vez que se comenzaba a programar, ya no había vuelta atrás, nada de nuevos requisitos no previstos, etc.

- La «verificación» se realiza al final de todo, cuando ya los programadores han pasado meses trabajando en el proyecto y lo dan por terminado.

El enfoque «en cascada» demostró que no era el correcto para gestionar la mayoría de proyectos, algunos sí, dependiendo de su naturaleza, todo hay que decirlo.

¿Y entonces?

Hace muchos años, una serie de expertos (y sufridores programadores) se reunieron para analizar por qué tantos proyectos software se hacían mal y no cumplían con sus objetivos, y llegaron a un conjunto de conclusiones que, sorprendentemente, poco tenían que ver con cuestiones técnicas o sobre la buena o mala habilidad de los desarrolladores.

Alumbraron así lo que se denomina el «manifiesto ágil», una declaración de principios que, de seguirse y ponerse en marcha, harían que se pudiese construir mejor software evitando los problemas anteriores. Nació así el concepto de «software ágil».

Con el tiempo, se demostró que enfocar la construcción del software de ese modo producía muchos mejores resultados, de ahí que nacieron varias metodologías que trataban de seguirlos.

Surgieron entonces «marcos de trabajo» como SCRUM, Kanban, «*Extreme Programming*» y «*Lean Methodology*».

En ocasiones, en las organizaciones se adaptan aspectos de varias de estas metodologías a la forma de trabajar de los equipos de desarrollo.

En esencia, estas metodologías fomentan la creación de un software de mayor calidad y centrado en la satisfacción del cliente.

Muy, pero que muy básicamente, los pasos generales de estas metodologías serían los siguientes:

1. Hay una toma inicial de requisitos.
2. Se toma un grupo de ellos.
3. Se define una iteración de trabajo para implementar los

requisitos elegidos en el paso anterior. Una «iteración» es un ciclo de trabajo de un periodo de tiempo generalmente corto (quizá una o dos semanas).

4. Se valida lo implementado con el cliente o con un responsable del producto, obteniendo feedback, modificando los requisitos, añadiendo más o eliminando algunos existentes.

5. Vuelta al paso 2, y así hasta que se considere que el proyecto está terminado.

De este modo, el cliente no ve únicamente su proyecto cuando el equipo cree que ya lo ha desarrollado al 100%, sino que va generando feedback al terminar cada iteración de trabajo, así que tiene la posibilidad de indicar detalles que al comienzo no conocía y de redirigir el curso del resto de las iteraciones.

Además, este enfoque tiene profundas consecuencias para el trabajo de los desarrolladores, puesto que nos obliga a diseñar un software que sea más capaz de incluir funcionalidad que aún ni sospechamos, de ahí lo de «software ágil».

Como conclusión de este capítulo: los procedimientos y procesos que se sigan a la hora de trabajar en un proyecto software, determinarán la calidad de este, por muy buenos programadores que seamos.

Como programador, tendrás que aprender también la metodología de trabajo que se siga en el proyecto en el que participas, pero tranquilo, que ésta te va a facilitar la vida, te lo aseguro.

17

TRABAJAR EN UN EQUIPO: ROLES

Puedes ser programador y trabajar en diferentes áreas totalmente diferentes pero relacionadas del desarrollo de software en el contexto de la puesta en marcha de un proyecto.

Piensa por un momento en todos los profesionales involucrados en construir un edificio: desde albañiles hasta fontaneros, carpinteros, electricistas, encofradores, arquitectos y aparejadores, técnicos de eficiencia energética, etc. Todos y cada uno de ellos saben lo que es un edificio, lo que es obvio, pero cada uno participa en él haciendo lo suyo.

Te aseguro que en ocasiones, construir un sistema software complejo requiere de profesionales con perfiles y especialidades muy diferentes del mismo modo que los diferentes profesionales que trabajan juntos construyendo un edificio.

Existen en nuestro sector un conjunto de roles diferentes que participan en la creación de un proyecto. En realidad, en ocasiones, en los grupos de trabajo, varios de estos roles lo pueden ocupar la misma persona, mientras que si tú trabajas solo como freelance, ¡tú tienes todos los roles asignados!

Los roles más relevantes y que debes conocer son los siguientes:

- **Developers o desarrolladores** (obviamente): son las personas que se dedican básicamente a añadir funcionalidad al proyecto, implementando los requisitos asignados en cada iteración de trabajo.
- **Testers**: se dedican a probar el código que hacen los primeros, creando tests de distinta naturaleza y detectando errores que deben ser corregidos por éstos.
- **QA** («*quality assurance*», o «aseguramiento de la calidad»): los QA son los responsables de que el proyecto se desarrolle con la calidad esperada y de que se sigan los procedimientos de trabajo establecidos (metodología), detectando deuda técnica y comprobando que se siguen los estándares de calidad establecidos para el proyecto. Realizan revisiones periódicas del proyecto.

- **Arquitecto**: como hemos comentado en el capítulo anterior, el arquitecto o arquitecta es un profesional, en teoría con más experiencia, que determina cómo es la arquitectura del sistema y cómo ésta evoluciona a lo largo del tiempo.

- **Diseñadores UX/UI**: son los especialistas en UI y UX («*user design*» o «diseño de usuario»). Tienen conocimientos de diseño y se encargan de diseñar la interfaces de usuario. Puede que no siempre tengan conocimientos de programación. Este rol es muy importante, puesto que ya sabemos que al cliente se le gana «por lo que ve» y por la facilidad de uso.

- **Gestor de proyecto** («*project manager*»): es la persona que dirige el proyecto controlando que se desarrolle adecuadamente, en calidad, forma y tiempo.

Por lo general, a medida que ganamos experiencia en distintos proyectos, vamos también adquiriendo ciertas competencias de uno y otro rol.

Según la metodología empleada, puede que se definan también otro tipo de roles, como el «*product owner*» («propietario de producto») y el «*scrum master*» dentro de SCRUM.

En cualquier caso, como puedes comprobar, en un equipo de trabajo con varios roles bien diferenciados, es necesario una óptima colaboración y comunicación entre todos los miembros involucrados en la ejecución del proyecto, de ahí la necesidad de dominar lo que denominamos «habilidades blandas» (o «*soft skills*», algo de lo que también te hablo más adelante).

18

HABLEMOS DE ARQUITECTURA DE SOFTWARE

Uno de los problemas que tienen los desarrolladores de software menos experimentados, es que aún no ven que la forma en que se construye un programa sencillo (de varios KLOCS) no tiene absolutamente nada que ver con cómo se estructura uno mucho más complejo, del orden de decenas o cientos de KLOCS (recuerda que 1 KLOC = mil líneas de código).

El problema, insisto, es que intentan construir lo segundo del mismo modo.

La arquitectura de software es un área de la programación que nos indica diferentes estrategias para construir correctamente esa estructura de la que hablamos, principalmente en aplicaciones «grandes». Éstas, cuando son verdaderamente grandes, se denominan «sistemas», y, en algunos contextos, según su naturaleza, también «plataformas».

He visto cómo una compañía tiraba a la basura un proyecto que había crecido muchísimo (se le pedía continuamente nueva funcionalidad) pero que se había desarrollado del mismo modo simple y monolítico (sin ni siquiera un diseño claro) como si fuese una aplicación pequeña y sencilla, tal y como empezó años atrás. El resultado es que llegó un momento en que era imposible introducir nueva funcionalidad o cambiar nada, porque ni el diseño ni la arquitectura habían evolucionado a medida que el proyecto crecía.

Aunque en el sector siempre ha habido cierta polémica por definir claramente qué es y qué no es, en esencia, la arquitectura de un sistema software nos indica cómo éste se organiza, cómo están distribuidos los distintos componentes que lo integran y cómo se comunican entre ellos.

Le podemos añadir también la especificación de en qué entornos esos componentes se van a ejecutar y hasta qué tecnologías diferentes se van a usar.

Sin una arquitectura correcta para la naturaleza del proyecto, éste tendrá dificultades ya no solo para funcionar bien sino para evolucionar (crecer con más características o modificar las existentes).

Existe el rol de «arquitecto de software», que es la persona que viene que definir todas estas características de un proyecto. Como te imaginarás, esta persona debe conocer bien ya no solo todo lo relacionado con la programación, sino también diferentes entornos de desarrollo y de despliegue (el «entorno despliegue» es la infraestructura donde se va a publicar la aplicación).

Otra definición de «arquitectura de software» afirma que, en esencia, consiste en tomar las «decisiones importantes» en relación a un proyecto software: si algo en él es difícil de cambiar, entonces es competencia de la arquitectura.

Como en otros capítulos, más que entrar en detalles demasiado escurridizos y técnicos, lo que pretendo es que tengas presente este concepto cuando comiences (si no has empezado ya) a andar por este camino del desarrollo de software.

Igualmente, las decisiones de arquitectura no solo deben servir para la funcionalidad que debemos construir «hoy día», sino también para prever de algún modo el crecimiento del sistema en el futuro, algo, por cierto, fácil de decir pero bastante difícil de abordar.

Algunos tipos de arquitectura elementales y frecuentes son los siguientes:

- Arquitectura **por capas** («*layered architecture*»), en donde la funcionalidad de cada una de ellas existe para dar servicio a la capa superior.

- Arquitectura **guiada por eventos** («*event-driven architecture*»), en donde las aplicaciones responden a «sucesos» (eventos) que ocurren.

- Arquitectura «***micro kernel***» («*microkernel architecture*»): la funcionalidad se consigue mediante la ejecución de una serie de pasos encadenados.

- Arquitectura de **microservicios** («*microservices architecture*»): con ella, la funcionalidad del sistema está repartida en un conjunto de servicios independientes pero pequeños que son orquestados adecuadamente.

- Arquitectura de **cliente / servidor** («*client-server architecture*»): es un enfoque clásico en donde existe un programa cliente ligero que delega la carga importante del trabajo en las aplicaciones que están ejecutándose en un servidor. El ejemplo que explicamos en el capítulo de título «Uniéndolo todo: Cómo funciona una aplicación web» sigue esta arquitectura.

En general, cuando un sistema crece (con más y más

funcionalidad), se suelen mezclar aspectos de diferentes arquitecturas en él.

Me parece importante que conozcas este concepto porque todo software obedece, en cierto modo, a un tipo de arquitectura. Incluso si escribes un programa de consola, sin apenas diseño, que hace algo muy concreto, estás siguiendo sin saberlo una arquitectura, la «monolítica».

Esto es solo la punta del iceberg y, como te imaginarás, existe mucha literatura sobre la arquitectura de software.

Hay un aspecto de la arquitectura importante y que hay que tener en cuenta; si está bien definida y documentada en cierto modo, servirá también para que cualquier nuevo programador que se integre en el equipo de trabajo, comprenda más rápidamente cómo está el proyecto estructurado y el por qué de cada una de sus partes o componentes.

Por último, tan solo recalcar que cuando la funcionalidad de un proyecto software crece y su arquitectura también, no existe un único programa para todo, sino que el proyecto está compuesto de diferentes programas que interactúan entre ellos, como por ejemplo, la interfaz web de usuario, un conjunto de microservicios, un gestor de tareas, etc.

Sin ir más lejos, te he hablado en cierta medida de mi proyecto Mantra, pues bien, su web (www.mantrajs.com) funciona gracias a la implementación de cuatro aplicaciones diferentes que interactúan entre ellas.

19

SOFT SKILLS (O HABILIDADES BLANDAS)

En mi libro de título «The Coder Habits: Los 39 hábitos del programador profesional», hablo sobre los hábitos que, en mi opinión, debemos integrar los programadores profesionales.

{ The Coder Habits }

LOS #39# HÁBITOS
DEL PROGRAMADOR
PROFESIONAL

Rafael Gómez Blanes

Autor de El Libro Negro del Programador
y El Libro Práctico del Programador Ágil

Ediciones BMT

¡Si hubiese sabido algo de esto hace 25 años cuando comencé a trabajar en mi primera empresa!

Por cierto, te recomiendo el libro encarecidamente :-), lo puedes encontrar en todas las plataformas que existen (Amazon, Google Play, etc.).

Entre ellos, uno de los hábitos a los que le doy más importancia es el de desarrollar tus «habilidades blandas» (y aplicarlas, claro está). Te lo explico a continuación, porque he adaptado ese capítulo del libro en esta sección dada la importancia de este tema.

Un técnico no es solo un técnico, en cualquier área en la que trabaje; un buen profesional no es solo aquella persona que realiza bien un trabajo complejo. No creas que para ser un magnífico programador, solo tienes que... programar bien, esto es necesario pero en absoluto suficiente.

Quizá no te has dado cuenta todavía porque estás comenzando en esta profesión o te estás planteando formarte en ella, pero tu trabajo siempre lo realizas, en esencia, «para otra persona», o trabajas colaborativamente con otros programadores. Esto es, hagamos lo que hagamos, siempre estamos sirviendo a los demás. Parece evidente pero no siempre lo tenemos en cuenta.

Como en cualquier otra profesión, interactuamos con muchas otras personas, para lo que necesitamos saber de algún modo cómo «conectar» con ellas, para ello, nada mejor que ponerse en el lugar del otro; esto es, debes tener la suficiente empatía para que tu comunicación con otras personas sea correcta y eficiente.

Debes saber comunicar bien, y no solo hablo de hacerlo de un modo educado, como si le hablaras a tu abuela a la que tanto quieres; comunicar bien consiste en ir al grano, ser correcto en las formas y en el tono, lanzar las ideas importantes al comienzo y no extenderse más de la cuenta (robando tiempo de otras personas). Estos principios los tienes que aplicar por tierra, mar y aire.

Tienes muchas oportunidades para «comunicar bien» cada día: cuando escribes un correo, cuando hablas en público en una reunión y cuando redactas un documento para tu compañía, un compañero o para un cliente.

Nada peor que esos correos que se ven escritos precipitadamente y que cuesta trabajo entender; a mí me parecen hasta una falta de respeto. Me llamarás algo excéntrico, pero siempre reviso un correo antes de enviarlo y trato de que lo que quiero decir en él sea claro, conciso y simple, con el menor número de palabras posible. Pensarás que escribir un correo así te llevará más tiempo, pero no es así: por eso te estoy hablando de desarrollar cierto tipo de habilidades, con el tiempo, ya forman parte de ti y las dominas.

Siguiendo con el ejemplo, un correo largo que se puede

despachar con una sola frase, en mi opinión es una falta de respeto, porque le estás consumiendo innecesariamente tiempo al destinatario.

Del mismo modo, comunicar bien es un camino de ida y vuelta: escucha atentamente al otro, no interrumpas y también habla lo más claro posible.

He conocido buenos profesionales (en lo técnico) pero incapaces de saber trabajar en equipo. Yo siempre lo digo: es mucho mejor contar con un equipo de personas motivadas con habilidades técnicas «suficientes» pero con cultura de equipo que contar con varios gurús incapaces de trabajar juntos.

Para convertirte en un buen profesional, tienes que trabajar en equipo, y, por tanto, trabajar «en el equipo» y «para el equipo», y esto lo haces cuando facilitas el trabajo de los demás, cuando no te conviertes en una isla interesada de información, cuando eres activo en las reuniones y apoyas a un compañero cuando lo necesita.

Este es el mayor reto que tiene un responsable: saber crear un equipo de personas homogéneo y compenetrado.

También te conviertes en mejor profesional cuando no eres obstinado con tus opiniones e ideas, sino que estás abierto a oír las de los demás y hasta cambiar de opinión tantas veces como haga falta, también cuando sabes que no es necesario trabajar muchas más horas, sino hacerlo creativa y productivamente, y que se resuelven los problemas con creatividad e imaginación.

¿Te consideras una persona con esas dos habilidades? Si no es así, te harán falta para trabajar como programador y créeme, todo en esta vida se puede aprender a menos que le pongamos un poco de interés.

En definitiva, un profesional trabaja a nivel personal todas esas actitudes, aptitudes y capacidades, y espero que estés de acuerdo en esto, puesto que además permiten al final que su trabajo técnico fluya muchísimo mejor.

A todas estas habilidades se las denomina «habilidades blandas» (o «*soft skills*»).

Adivina con quién se trabaja mejor, ¿con alguien que comunica bien, que sabe escuchar, que ayuda siempre, que aporta ideas constructivamente y que trabaja bien en equipo o con alguien que es todo lo contrario?

Cultiva las «*soft skills*» como parte de tu desarrollo profesional, es imprescindible, te facilitará tu trabajo y obtendrás mejores resultados.

20

LA NUBE

No puedo escribir un libro sobre los aspectos más relevantes que rodean al sector de la programación sin hablar de la «computación en la nube» («*cloud computing*»), algo que, de una manera muy importante, ha cambiado radicalmente nuestro sector desde hace años.

¿Qué es «la nube»?

Recuerda que en el capítulo de título «Uniéndolo todo», hacía referencia a un servidor web (entre otras aplicaciones) que están ejecutándose en un ordenador tipo «servidor» (que no es más que un ordenador pero con prestaciones y una electrónica más robusta para un funcionamiento continuo), ¿verdad?

Pues bien, te puedes preguntar, ¿y dónde está realmente

ese servidor?, porque, físicamente tiene que encontrarse en algún sitio, como es lógico.

Hace tan solo una o dos décadas, las mismas empresas que ofrecían productos software a sus clientes, contaban con sus propios centros de datos en donde instalaban las aplicaciones contratadas para que éstos las usaran además de todas las aplicaciones que esas mismas empresas necesitaban para funcionar (ERPs, CRMs, intranets, web corporativa, etc.).

Del mismo modo, habitualmente, los clientes contaban (y siguen contando en muchos casos) con su propia infraestructura IT («*information technology*») para instalar en ella todos los productos software que necesitaban.

Que tanto las empresas proveedoras como los mismos clientes contaran con sus propias infraestructuras IT (algo que se sigue haciendo en cierta medida, pero menos por la aparición de «la nube») no está ni bien ni mal, tan solo tiene sus inconvenientes y ventajas.

Pero entre los inconvenientes se encuentra el coste y la complejidad de mantener esa infraestructura, de ahí que se tuviesen que contar con departamentos IT para ese trabajo, nada trivial, entre cuyas tareas se incluyen:

- Mantener operativos y funcionando los servidores.
- Mantener actualizados los sistemas operativos en ellos.
- Mantener también toda la infraestructura de red (routers,

switches, balanceadores, etc.).

- Instalar nuevos equipos o sustituir los obsoletos.
- Asegurarse de la ciberseguridad de toda la infraestructura.
- Instalar y mantener también los productos de terceros que necesitan para funcionar (como bases de datos, servidores web, servidor de correo, etc.).
- Encargarse también de las actualizaciones de todos esos productos.
- Realizar «*backups*» (copias de seguridad) regularmente.
- Y un larguísimo etcétera.

En esencia, esas son las responsabilidades de los departamentos de IT. Puedes suponer que todo esto debe tener un coste considerable, tanto si la empresa o el cliente tan solo necesita mantener varios servidores o un «*datacenter*» con veinte.

Además, piensa por un momento que el hardware de los dispositivos se mejora continuamente (y, con el tiempo, también baja su precio), de modo que no solo los servidores, por poner un ejemplo, tienen un tiempo de vida limitado sino que además terminan siendo obsoletos al cabo de unos años.

¿Y qué hay del consumo eléctrico? Esto también es un coste.

Fue pasando el tiempo y ¿qué pasó? Las comunicaciones en Internet fueron haciéndose cada vez más veloces (ahora tenemos habitualmente fibra óptica en la mayoría de sitios, pero esto antes era un sueño para la mayoría), el rendimiento y prestaciones de los equipos se ha multiplicado y su coste se ha reducido, y lo mismo ha pasado con las capacidades de almacenamiento.

Aunque la computación en la nube es un concepto del que se hablaba desde los años 60, no fue hasta 2006 en que una gran empresa creó un mercado alrededor de esto: no solo creó un mercado sino que dio un giro considerable a toda una industria.

Poco a poco y, de forma natural, algunas empresas (como Amazon), fueron viendo una oportunidad de negocio: ¿y si ofrecemos esos servicios IT de modo que los clientes tienen a su disposición una infraestructura de servidores, etc., pero remota, sin necesidad de que sean ellos los que la mantengan y que esté siempre disponible?

A Amazon se le ocurrió la idea de vender de ese modo las capacidades de computación de sus propios centros de datos que usaban para su negocio, naciendo así AWS («*amazon web services*») y creando... un nuevo negocio que ha cambiado totalmente el panorama de la computación en estos años. Curiosamente, los otros grandes del sector, como Microsoft, IBM y Google, no movieron ficha hasta años más tarde.

Nació entonces el concepto de Iaas («*infrastructure as a*

service», o «infraestructura como servicio»), puesto que la empresa proveedora de servicios en la nube te ofrece «como un servicio» una infraestructura IT, para que tú no te tengas que preocupar de crear y mantener un costoso «*datacenter*» en tu propia empresa: lo tienes igual, remotamente, con garantías de un buen funcionamiento, seguridad, etc., y lo más importante, a un coste significativamente menor.

Paulatinamente, este negocio en la nube ha ido evolucionando y creciendo, con grandes actores corporativos en el sector, como Microsoft (y su servicio de computación en la nube de nombre Azure), Google Cloud, IBM y, claro está, Amazon AWS.

Hay otros, claro está, de hecho, yo uso desde hace años principalmente Digital Ocean para algunos de los proyectos de mis clientes y fundamentalmente los basados en Mantra.

De modo que con «la nube», y siguiendo con el ejemplo del principio, cuando tienes que desplegar para el cliente una aplicación web en un servidor, contratas un servidor «virtual» con el sistema operativo que necesitas y lo pagas mensualmente y nada más. ¿Cuánto pagas? Depende de las prestaciones del servidor que elijas, pero para que te hagas una idea, el coste puede ir desde 5€ al mes (por un servidor virtual con una CPU, 2GB de RAM y 20GB de almacenamiento en SSD, más o menos) hasta miles de euros para equipos con mucho mayor rendimiento.

Pagar por esa infraestructura en la nube que las empresas encargadas de ella mantienen y te garantiza su correcto funcionamiento, tiene necesariamente un coste menor que mantenerla tú con equipos en local o costear un equipo de trabajo IT para esa tarea.

Todos los proveedores de servicios en la nube tienen multitud de centros de datos repartidos por todo el mundo (algunos de ellos secretos) y es algo que va en aumento.

Del mismo modo, también es un movimiento creciente que las aplicaciones software se «muevan a la nube», de modo que el cliente no paga por una licencia, sino que paga por su uso, como por ejemplo el paquete ofimático Office 365 y sin ir más lejos la popular aplicación de edición de imágenes Photoshop. Este concepto, también en auge, se denomina Saas («*software as a service*» o «software como servicio»).

Te he puesto como ejemplo la contratación y uso de servidores en un proveedor «*cloud*», pero la evolución de ésta en los últimos años ha sido espectacular, ofreciendo cada más y más servicios: bases de datos administradas (tú las usas pero te olvidas de su mantenimiento), almacenamiento de archivos ilimitado, balanceadores de carga, VPNs («*virtual private networks*» o «redes privadas virtuales»), escritorios virtuales, servicios de aprendizale automático, «*big data*», etc.

Por ponerte un ejemplo, imagina la enorme infraestructura

IT que debe tener un servicio mundial y tan popular y usado como Netflix, con millones de usuarios; pues bien, toda esa infraestructura la tienen con AWS.

21

PRODUCTOS VS PROYECTOS

Incluyo este capítulo porque me parece un tema que para mí es muy importante porque creo que cuanto antes lo conozcas, mejor para tu carrera profesional.

Aunque seamos profesionales como desarrolladores de software y tengamos muchos años de experiencia, las dinámicas de trabajo, el entorno, los objetivos y cómo haces las cosas, van a depender de muchos factores, pero hay uno que lo diferencia absolutamente todo.

O desarrollas «productos» o desarrollas «proyectos».

Te explico.

La mayor parte de los programadores trabajan en «proyectos» y, claro está, no hay absolutamente nada de malo, todo lo contrario.

Pero, ¿qué es un proyecto?

Esencialmente, un proyecto consiste en una necesidad que tiene un cliente y contrata a un proveedor (empresa o freelancers) para que lo implementen.

Hemos visto en un capítulo anterior qué son los requisitos o requerimientos para un proyecto; pues bien, el cliente, necesariamente, nos indicará qué necesita desarrollar para su proyecto y nosotros lo traduciremos a requisitos. Después los desarrollaremos y, finalmente, le entregaremos al cliente lo que nos ha pedido construir después de las iteraciones de trabajo que hayan hecho falta.

El cliente paga por la construcción del proyecto y, después, nosotros a otra cosa, esto es, manos a la obra para meternos en el siguiente proyecto.

La mayoría de empresas proveedores de software se dedican a construir... proyectos. Pero insisto, que esto es necesario y a mí me parece perfecto, puesto que soy el primero que me he pasado años desarrollándolos y dirigiéndolos.

Lo que quiero destacar aquí es que, por lo general, implementas un proyecto con necesidades específicas para un cliente particular.

Ahora te voy a describir la cara B de los proyectos.

La dinámica de desarrollar proyectos, como es lógico, obliga a las empresas proveedoras a estar buscando nuevos a contratar continuamente y éstos, habitualmente, se cotizan por horas de trabajo, algo, que, déjame decirte, es un terreno muy resbaladizo.

Cotizar (ofertar un presupuesto) por horas, provoca que las empresas compitan por coste (pocos clientes se preocupan por la calidad y otros aspectos del servicio que le vamos a prestar, esa es la cruda realidad), de modo que, finalmente, si una empresa se ha llevado el proyecto compitiendo con otras, o bien tiene una tecnología superior o más productiva, o un equipo de desarrollo ultraproductivo o bien ha ofertado un número de horas menor de las necesarias para llevarse el proyecto «como sea», me temo.

Esta dinámica no es exclusiva de la industria del software, yo creo que es habitual en todos los sectores.

La cotización a la baja por horas de un proyecto, es la muerte lenta del programador (figurativamente, claro), porque al final de la cadena, donde estamos los programadores, se nos exigirá hacer el proyecto en un número de horas determinadas e insuficientes. Problema, problema, problema.

Por tanto, habrá que correr, habrá que dejar mucha deuda técnica (no hay tiempo para corregirla), olvidaremos las buenas prácticas, trabajaremos más horas al día y seguramente algunos fines de semana: se entregará un software con defectos de calidad por todos lados. Bueno, exagero un poco, pero lo vas comprendiendo, ¿no?

Sin embargo, también podemos desarrollar... productos.

Una compañía detecta una necesidad del mercado cuando comprueba que se repite en muchos clientes. Lo inteligente es empaquetar esa necesidad en un formato software de «producto», suficientemente abierto para poder adaptarlo cómodamente a las necesidades específicas de diferentes clientes.

Este enfoque, desde mi punto de vista, es infinitamente mejor que el de trabajar para proyectos, entre otras cosas, porque una vez que se ha construido el producto, lo puedes vender diez, cien o miles de veces, ganando así en competitividad y no dependiendo de proyectos mal cotizados por horas. Espero que veas la diferencia.

Yo me especialicé hace años en desarrollar productos y «productivizar proyectos», y siempre aconsejo esta línea de trabajo.

Ahora bien, desarrollar un producto es más difícil que realizar «ad hoc» un proyecto y resolver las necesidades específicas de un cliente.

Para crear un producto, tienes que conocer muy bien el mercado al que va dirigido, su ciclo de vida es totalmente diferente, requerirá, obviamente, de una inversión económica para desarrollarlo, hay que llevar un control de versiones mucho más exhaustivo y tener una visión mucho más a largo plazo.

Pensarás que, en cualquier caso, el producto en muchas ocasiones, habrá que «adaptarlo» para un cliente final, y así es, pero ese trabajo no lo hacen los programadores que desarrollamos el producto, eso es lo que hacen otros desarrolladores (que en algunos contextos se les denomina «integradores») que trabajan... en proyectos. Piénsalo.

Productos y proyectos son modelos de desarrollo de software diferentes.

Lo que te quiero explicar con este breve capítulo es que aprendas la diferencia y evalúes dónde te encuentras más cómodo.

Por ponerte unos ejemplos, el creador del popular juego Candy Crash (que seguramente sea rico a estas alturas...), creó un producto (lo desarrolla una vez y lo vende miles de veces). SAP, una de la mayores compañías de software de gestión, posee un conjunto de productos bien desarrollados y adaptables para miles de empresas, pero los productos base son los mismos.

En desarrollo de software, también debemos pensar en términos de competitividad y rentabilidad.

Y hablando de modelos de negocio... en el próximo capítulo te cuento otros relacionados con el código libre y abierto.

22

CÓDIGO ABIERTO Y CÓDIGO LIBRE

Un libro que trata de introducir los conceptos más importantes sobre la programación y su sector, no puede obviar el código abierto («*open source*») y el código libre («*free software*»); la distinción entre ambos modelos de desarrollo de software es a veces sutil pero espero que te lleves una idea clara.

Créeme cuando te digo que un simple paseo de quince minutos navegando por Internet, te va a llevar por multitud de aplicaciones y webs construidas con software que siguen estos modelos.

Imagina por un momento que los ingenieros y técnicos que diseñan un avión generando sus planos, esquemas y todos los detalles técnicos de todas las partes de un aparato así, lo publican abiertamente para que quien quiera no solo lo pueda ver, sino también modificar y hasta usarlo para sus propios proyectos que parten de esos planos iniciales.

Cuesta un poco de trabajo entender que esto pueda llegar a ser así en el caso de la aeronáutica u otro tipo de actividades, entre otras cosas, porque construir un avión no es nada fácil y solo está al alcance de grandes empresas y grandes inversiones.

Sin embargo, un programa es fácilmente modificable por cualquier desarrollador que se lo proponga.

Pues bien, en software, el código libre consiste precisamente en eso, en publicar tu proyecto software para que todo el mundo que quiera lo pueda ver, ejecutar, modificar, copiar, distribuir y usar si así lo desea para sus propios propósitos.

El software de código libre es más bien un movimiento iniciado y creado por Richard Stallman en los años ochenta (te recomiendo que leas sobre este actor tan importante en la historia del desarrollo de software), dándole a este movimiento un carácter ético y de libertad en relación al desarrollo y uso del software.

Stallman (e insisto en que te estoy hablando de los años ochenta, en los inicios de la computación actual), pronto se dio cuenta de que la industria de la informática explotaría exponencialmente años más tarde, como así fue, con la presencia de ordenadores en casi todos los hogares y más tarde, de dispositivos inteligentes ubicuos.

Richard Stallman

Piensa por un momento que todos estos dispositivos tienen que funcionar con... software. Ahora bien, ¿quién sería el propietario de ese software y, por tanto, quién tendría el control ya no solo de la industria sino también de todos esos dispositivos sin los que ya no podemos vivir y realizar nuestras actividades diarias? Las grandes corporaciones, que acapararían así un poder enorme: al ser propietarias el código, lo controlarían todo.

Por esa razón Richard Stallman inició el movimiento de código libre advirtiendo de esa posibilidad y creando un modelo de desarrollo de software... pues eso, libre, para que cualquiera que desee publicar su código lo pueda compartir, como he comentado antes.

Las consecuencias de esto son increíbles; imagina que en

lugar de que un solo desarrollador cree un proyecto por sí mismo, hay cientos o miles de otros programadores que lo revisan, lo mejoran, lo particularizan, detectan errores, etc. ¿Cómo será ese proyecto entonces? Mucho mejor, obviamente, porque se ha creado de forma colaborativa y con contribuciones por todo aquel que quiera participar en él.

Por su parte, el «código abierto» («*open source*») hace más referencia al modelo de desarrollo del software desde un punto de vista más comercial: el código se sigue publicando abierta y libremente pero quien lo desee, plantea servicios alrededor de él con su correspondiente remuneración, mientras que el código libre («*free code*»), incide más en los valores éticos y de libertad sobre la publicación de software dada la importancia que tiene.

En ocasiones, se emplean ambos términos para referirse a ese modelo de publicación de software accesible, modificable por cualquiera, etc., sin entrar en las sutiles diferencias entre uno y otro.

Linux, por ejemplo, es un sistema operativo cuyo código está publicado como código abierto: cualquiera (o cualquier compañía) se puede basar en él para particularizarlo, mejorarlo y crear sus propios productos y rentabilizarlos. De hecho, es lo que hacen compañías como RedHat y Debian.

Por el contrario, el «código propietario» es aquel que lo posee la persona o compañía que lo desarrolla y que nunca es compartido; solo lo mejoran y evolucionan sus dueños, claro está. El paquete ofimático Office que seguro conoces, es un código propietario de Microsoft, solo los desarrolladores esta compañía tiene acceso a ese código. Es, sencillamente, otro modelo de desarrollo de negocio.

Te puedes preguntar entonces que qué ganan los miles de desarrolladores que (como yo) publicamos parte de nuestro trabajo en repositorios de código abierto como GitHub (que es, por cierto el más popular).

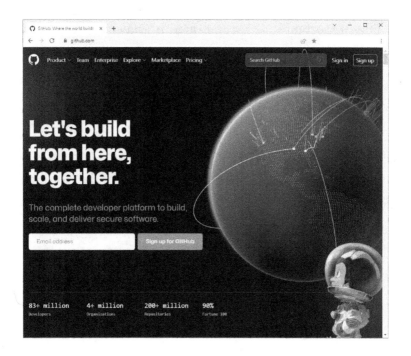

https://github.com

Yo tengo la convicción de que nuestra naturaleza esencial como humanos es compartir y colaborar con otros; en muchas ocasiones, lo hacemos por puro altruismo, para ayudar a otras personas y por la satisfacción que esto nos produce.

En otras ocasiones, quienes publican su propio software y lo pone a la vista de todo el mundo, aún siguiendo el movimiento de código libre y abierto, se tiene además un propósito comercial y de desarrollo de negocio.

Sin ir más lejos, Wordpress, un popular constructor de páginas y aplicaciones web implementado en el lenguaje PHP y muy importante (se estima que un gran porcentaje de las webs publicadas en Internet están hechas con Wordpress), sigue un modelo de código abierto: puedes descargar, ver, usar y manipular todo el código, pero la compañía que lo mantiene y controla su evolución, aunque participen en su desarrollo cientos de colaboradores desarrolladores de todo el mundo, ofrece servicios y productos alrededor de Wordpress, desde alojamiento de webs hasta creación de proyectos desde cero, desarrollo de extensiones o «plugins», gestión de dominios, etc., aunque en el núcleo de todo ello sea Wordpress.

Para ello, la clave está en que el proyecto que publicas abierta y libremente, se muy usado.

En otras ocasiones, desarrolladores individuales publican sus trabajos por simple reconocimiento, o bien con la idea de hacerlo muy popular y que algunos de quienes lo usen contraten sus servicios.

Sin ir más lejos, ya te he hablado de mi proyecto Mantra Framework; puedes ver, descargar y modificar el código del proyecto aquí:

https://github.com/mantrajsframework/mantrad

Cualquiera lo puede usar totalmente gratis, hasta modificarlo y construir proyectos sobre él. Pensarás que qué gano yo esforzándome tanto en este trabajo que publico «gratis». Pues bien, en la hoja de ruta de www.mantrajs.com está prevista la publicación de proyectos completos y componentes realizados con Mantra (y de pago), así como acaparar proyectos desde mi empresa para ser realizados también con Mantra, entre otros aspectos del modelo de negocio construido sobre un software cuyo código puede usar quien quiera.

Como programador, no pienses que solo tienes la oportunidad de trabajar como empleado para una empresa desarrollando proyectos o productos, como decíamos en el capítulo anterior: además de freelance, o de ser tú el dueño de tu propia empresa, también tienes este camino profesional que hemos comentado más arriba.

Por último, todo este modelo desarrollo de software

colaborativo, también existe en hardware, dando lugar a lo que se denomina «hardware libre», en donde los diseños son también publicados abiertamente de manera similar para que cualquiera los pueda usar o modificar.

23

LA INDUSTRIA DEL SOFTWARE ACTUAL

No se puede negar que actualmente (en el momento de escribir esto es el año 2022), hay un boom de trabajo relacionado con todas y cada una de las áreas del software que he estado describiendo a lo largo de los capítulos anteriores. Si lo piensas bien, es lógico, puesto que todas las áreas de la economía se están digitalizando y hemos aprendido a usar servicios digitales que antes tenían su contrapartida física, desde ir a una sucursal bancaria hasta pedir comida por el móvil y que te llegue en la siguiente media hora, reservar el alojamiento de tus vacaciones o contratar el seguro de tu coche desde el móvil. Seguro que puedes poner miles de ejemplos.

La existencia ubicua de «dispositivos inteligentes» (desde ordenadores hasta dispositivos como los «*smart phones*», «*smart watchs*», etc.) y la expansión de la computación en la nube, hacen que todo, absolutamente todo lo que nos rodea, tenga en cierta medida algún software ejecutándose. Piénsalo. Ahora mismo estoy en el salón de mi casa terminando este trabajo; es verano, hace calor, tengo frente a mí un ventilador con un panel electrónico (software), un televisor LG de tipo «*smart tv*» (que funciona, de hecho con el sistema operativo Google TV, esto es, más software), además tengo el asistente inteligente de voz de Amazon al que le acabo de pedir que me ponga algo de Muse (el Alexa Echo), llevo trabajando todo el día con uno de mis portátiles y mi móvil Samsung se encuentra a mi derecha. Además, hace un rato estuve leyendo en mi dispositivo de libro electrónico Kindle.

Software, software y más software ejecutándose por todos lados.

No obstante, se estima que en Europa, hay un millón de puestos de trabajo vacantes relacionadas con estas áreas.

Estas son tan solo algunos de los perfiles más demandados:

- Desarrollador «*frontend*».
- Desarrollador «*backend*».
- Programador «*fullstack*».

- Científico de datos.
- Analista de datos.
- Desarrolladores web.
- Desarrollador de aplicaciones móviles.
- Programador de bases de datos.
- «*Machine learning*» (o «aprendizaje automático»).
- Diseñador web.
- Ingeniero de ciberseguridad.
- Experto en desarrollo para la nube.
- Programador de sistemas embebidos o industriales.
- Etc.

Como ves, los perfiles técnicos son de lo más variado y tienes donde elegir entre muchas áreas de especialización.

Ahora bien, ¿para construir qué?

Aquí el repertorio es aún más amplio: aplicaciones móviles con Android o iOS, tiendas online, videojuegos, proyectos de startups, desarrollo o implantación de CRMs («*customer relationship management*» o «gestión de relación con el cliente» y ERPs («*enterprise resource planning*» o «sistema de planifición de recursos empresariales»), sistemas IoT («internet de las cosas») y otro larguísimo etcétera.

Además, los perfiles con experiencia en el sector de las finanzas descentralizadas, denominada ahora mismo bajo el nombre «web3», así como el «metaverso», posiblemente también acapararán muchas oportunidades laborales. Desde luego, en el menú, hay mucho donde elegir.

24

PRÁCTICA, PRÁCTICA Y PRÁCTICA

En el libro de Malcon Gladwell, de título «Fueras de serie: Por qué unas personas tienen éxito y otras no», el autor afirma que para ser experto en cualquier área, hacen falta diez mil horas de experiencia.

Yo no sé hasta qué punto esto es cierto, pero lo que sí te puedo afirmar con rotundidad es que a programar... se aprende programando.

Pero programando «muchísimo».

Además, hace falta algo adicional, que, si lo aprendes justo cuando estás comenzando, te proporcionará una enorme ventaja competitiva y profesional para el resto de tu carrera.

Tu forma de programar va a cambiar radicalmente a medida que vayas profundizando en esta profesión. Si echas la vista atrás y revisas un repositorio de código que hiciste hace unos años y no hay nada que te sonroje, entonces es que apenas has progresado.

Programar, una vez que se conocen todos los fundamentos, es una cuestión de evolución: a medida que haces soluciones, te das cuenta por experiencia propia de las consecuencias a corto, medio y largo plazo de hacer las cosas de un modo u otro. Pero si no haces ese ejercicio de reflexión para aprender esas sutilezas, trabajarás siempre estancado haciendo siempre las cosas exactamente igual (y seguramente no del todo bien).

Tu misión para avanzar en esta carrera no es solo leer y aprender, sino pasar la mayor partir de tu tiempo profesional... programando líneas de código, pero también, tener esa mentalidad continuamente abierta para averiguar qué puedes mejorar y cómo, y esto es algo que solo puedes hacer a lo largo de años.

No me gusta en absoluto esa definición simplista de «programador sénior» tan solo porque alguien lleve cinco años en la profesión: ¿haciendo qué?, ¿ha ganado una experiencia suficientemente variada en varios ámbitos o ha estado haciendo exactamente lo mismo una y otra vez?

¿Cómo se llega a ser un gran profesional cotizado en el sector? Poco a poco, no hay más.

Sinceramente, yo no me considero un tío listo (tonto tampoco soy, o eso creo), pero sí mi capacidad de persistencia y resiliencia es a prueba de bombas. Esa es mi fortaleza. Toma nota si crees que esto puede ser útil también para ti.

En programación no hay atajos: o trabajas programando durante horas y horas o no aprenderás lo suficiente como para considerarte un profesional.

En ocasiones me llegan currículums de personas que acaban de terminar su etapa académica, y cuando los leo con detenimiento, la única experiencia que aportan (si todavía no han trabajado en una empresa) es la de las prácticas de los cursos que han realizado... Eso no tiene sentido y, me temo, valor tampoco, salvo que quieras comenzar como becario o en prácticas (aunque, incluso en ese caso, se valorará más a quien tenga más experiencia).

Que a ti no te pase eso.

Si todavía no has tenido una experiencia laboral, no te conformes con lo que te enseñen en el instituto técnico, la «*bootcamp*» o donde sea que estés formándote.

Realiza proyectos propios además de todo lo que te exijan en tu etapa formativa, ¡como si la vida te fuera en ello!

Trabaja por tu cuenta en algún proyecto que te interese y te motive, hazlo lo mejor posible y después publícalo; tan solo con que lo subas a un repositorio público de GitHub es suficiente.

Como responsable, yo al currículum, personalmente, no le doy mucha importancia.

«*Show me the code!*» («¡muéstrame el código!»), es una frase típica en nuestro sector, lo que se podría traducir como «no me lo cuentes, enséñamelo».

Sal ahí afuera y dile al mundo lo que tengas que decir, esto es, haz proyectos interesantes, esfuérzate en ellos y publícalos.

Si otros responsables son como yo, valorarán más esos trabajos que lo que pongas en tu currículum (incluso las empresas en las que hayas trabajado previamente).

Del mismo modo, nada ha contribuido más a mi desarrollo como profesional, no solo leer continuamente (leo un libro por semana, no siempre de software, claro), sino trabajar en proyectos emprendedores y otro tipo de proyectos al margen de mis responsabilidades laborales.

Esto siempre me ha permitido conocer otras tecnologías en las que he estado interesado y ganar en experiencia que, de algún modo, después he volcado en mi trabajo profesional por el que me pagan.

Practica como si no hubiera un mañana, lee continuamente (no solo sobre tecnologías en particular, que ya sabes que van y vienen, sino sobre las bases de nuestra profesión) y haz públicos los trabajos que creas que merecen que otros lo vean.

Por último, no solo te van a ofrecer una oportunidad laboral por tu experiencia demostrable y los trabajos en los que hayas participado, también tienes que cultivar otro tipo de habilidades como las que te indico en «The Coder Habits: Los 39 Hábitos del Programador Profesional» tal y como he comentado en un capítulo anterior. Te ruego encarecidamente que leas este libro; se lee en una hora... tú mismo.

25

Y A PARTIR DE AQUÍ, ¿QUÉ?

Sin duda, el desarrollo de software es un camino que, si te gusta tanto como a mí, lo verás como un viaje apasionante, enriquecedor y creativo.

Observa que he escrito en la frase anterior la palabra «viaje».

Para mí es así, repito, apasionante, enriquecedor y creativo.

¿Y para ti?

He tratado a lo largo de los capítulos anteriores darte una visión general de qué va esto, por eso, posiblemente, este libro sea único, porque lo que pretende es...

- Que te respondas honestamente a la pregunta «¿es esto para mí?» (si estás pensando en formarte como programador). El mundo te necesita en aquello que te apasiona; tu misión es encontrar qué es. No caigas en la trampa de meterte en algo que no te gusta «para llegar a final de mes» porque crees que aquí hay trabajo, vivirás con dificultades y serás un profesional mediocre.

- Si ya estás formándote o llevas poco tiempo en el sector, que tengas un visión más amplia de lo que hayas podido conocer hasta ahora.

- Y, quizá, si llevas varios años en el sector ya pero haciendo lo mismo cada día y algo encasillado, a lo mejor necesitas refrescar esa visión general de esta industria :-)

Como estoy seguro de que habrás notado el vigor y entusiasmo que en ocasiones me han dicho que vuelco en lo que escribo, esta profesión es MI profesión. Llegué a ella a los 13 años y, ahora mismo, en el momento de escribir esto a mis 48, sigo diciéndome que esto me gusta, aún habiendo tenido muchas experiencias negativas, fracasos, frustraciones y habiéndome dado de bruces con las leyes del mercado.

Pero también cuento con éxitos que han compensado con creces todo lo anterior.

Y no soy el único: esto es consustancial a cualquier profesión y en cualquier sector.

Eso sí, te puedo decir que en otras profesiones como arquitectura, por ejemplo, las técnicas no cambian tanto ni tan rápido como la tecnología en general y el desarrollo de software en particular.

Pero las bases de la computación son las mismas que hace veinte y treinta años.

Aprende las bases, lo demás son detalles que van y vienen, a veces por capricho de uno de los grandes agentes del sector, en otras ocasiones por modas, pero cambian, te lo aseguro.

Me he esforzado mucho en mis libros (una de mis actividades profesionales), por volcar la información más relevante sobre diferentes aspectos del software y sintetizar en ellos la lectura y estudio de decenas (quizá cientos) de libros de otros autores, la mayoría en inglés.

Además de la bibliografía que te propongo, te sugiero que estudies:

- «**El Libro del Programador Ágil**», cuando ya tengas algo de experiencia escribiendo software.
- «**El Libro Negro del Programador**» (en ocasiones, número 1 en ventas en Amazon en su categoría), cuando te vayas a integrar en un equipo de desarrollo en una empresa o si ya estás en él. Hay quien cataloga este libro como «un clásico en el sector», lo que me llena de orgullo y satisfacción.

- «**The Coder Habits: Los 39 Hábitos del Programador Profesional**»: adquiérelo YA, ahora mismo, ni te imaginas el tiempo que te ahorrará sus consejos y, sobre todo, cómo mejorará tu profesionalidad a menos que integres unos cuantos de los hábitos de los que te hablo.

- «**De que Hablo cuando Hablo de Programar (volumen 1 y 2)**»: estos dos trabajos profundizan en todo lo que te cuento en este libro así como sobre multitud de temas relacionados con el software.

Y, si quieres emprender desarrollando proyectos digitales, no te olvides de «**El Método Lean MP**» y «**El Arte del Emprendedor Digital**».

Honestamente, escribir libros no es una tarea fácil.

Yo lo hago, porque tengo un propósito que me hace sentir bien: ayudar a los demás con lo que he aprendido después de más de 25 años de experiencia profesional.

26

PREGUNTAS FRECUENTES

A continuación te muestro una lista de las preguntas más frecuentes que se suelen suscitar cuando das los primeros pasos en el desarrollo de software o si estás pensando en iniciar tu formación en él.

¿Qué lenguaje de programación es mejor?

Ninguno es mejor ni peor, cada uno de ellos es más adecuado para resolver mejor un cierto tipo de proyectos software. Sí es cierto que algunos son lenguajes de «propósito general», como Java, C#, etc., pero no por ello son «mejores» que otros.

En cualquier caso, cada uno tiene unas ventajas e inconvenientes.

¿Qué lenguaje es mejor para comenzar a dar los primeros pasos?

Yo di mis primeros pasos en programación en Basic y en mi etapa académica aprendí a programar en C y C++, lenguajes de bajo nivel; no obstante, mi recomendación para aprender las bases de la programación es utilizar Javascript y PHP, puesto que son lenguajes más laxos en su sintaxis y requieren de un entorno de desarrollo sencillo, al menos para comenzar.

Por su parte, aprender Javascript tiene la ventaja de que lo puedes usar para el «*frontend*» y para el «*backend*».

¿Tengo que ser un genio en matemáticas para aprender a programar?

Absolutamente no. Para programar solo necesitas un ordenador y ganas de aprender.

No sé en qué especializarme, ¿qué me aconsejas?

No te aconsejo ningún área concreta, pero sí insisto en que solo podemos ser buenos en algo que nos guste mucho. Investiga con más detalle en que consisten los diferentes tipos de roles así como tipos de aplicaciones y averigua qué te apasiona más.

¿Qué lenguaje de programación debería elegir?

Cualquier tipo de formación se va a basar en algún lenguaje y entorno concretos, el de los contenidos de la misma.

No obstante, lo más importante es que aprendas muy bien a «programar» así como «orientación a objetos», da igual el lenguaje que sea, puesto que así te será trivial aprender cualquier tipo de lenguaje.

Con aprender un lenguaje... ¿ya basta?

Absolutamente no. Como te he indicado en uno de los capítulos, la práctica en diversos proyectos es esencial. No se trata solo de conocer un lenguaje, también tienes que conocer el entorno de desarrollo que mejor se adapta a él o el que se suele usar con él, así como las librerías y frameworks más populares que usan dicho lenguaje. Esto último te llevará más tiempo que aprender el lenguaje en sí.

HTML y CSS, ¿son lenguajes de programación?

¡No!, ¡por Dios!

Son «lenguajes», pero no de «programación».

¿Es imprescindible aprender sobre algoritmos y estructuras de datos?

Sí, puesto que son la base de nuestra profesión y la mayoría de problemas a resolver en programación se basan en ellas. Más de una vez he auditado proyectos en los que en algún punto he visto cómo el desarrollador intentaba resolver algo de forma muy compleja cuando se podía resolver con una simple estructura tipo «árbol».

¿Tipo árbol?, ¿cómo?, me preguntó.

Pues eso.

¿Qué es el «*frontend*» y el «*backend*»?

Como he descrito en algún capítulo del libro, el «*frontend*» se puede definir como la representación visual de una aplicación, lo que el usuario final «ve».

Por su parte, el «*backend*» acapara todo lo que ocurre «sin verse» en el lado habitualmente de un servidor.

¿Puedo aprender a programar por mi cuenta?

Absolutamente sí. Para ello hay una excelente literatura para introducirte en la programación, multitud de canales en YouTube y más información gratuita de la que podremos leer en toda nuestra vida. Así que, si quieres aprender, nada te lo impide.

Y todo eso del refactoring, testing, etc. ¿es imprescindible?

Si quieres aprender a programar como hobby, no, pero si quieres convertirte en un programador profesional, sí: programar no es solo escribir líneas de código, también mejorarlo, hacer tests sobre él, trabajar bajo una metodología, etc.

¿Qué editor de texto usar? ¿Cuál es el mejor?

Habitualmente, todos los programadores de un mismo equipo usan el mismo entorno de programación, pero si tienes libertad para elegir un editor o un entorno de programación completo, prueba varios y utiliza aquél con el que te sientas más cómodo.

Visual Studio Code está ahora mismo entre los más populares (lo que no implica que sea «el mejor»).

¿Puedo especializarme en varias áreas a la vez?

Cada área en este sector es tan extensa que si verdaderamente quieres ser un gran profesional y experto, solo podrás profundizar en una, dos o tres áreas como mucho, aunque es bueno conocer algo de las demás.

¿Es imprescindible el inglés?

No, pero hay que reconocer que si al menos puedes leer cómodamente en inglés, tendrás a tu disposición muchísimos más recursos que los que puedes encontrar en castellano.

En cualquier caso, aprender programación o meterte en este sector puede ser una gran motivación para aprender inglés, puesto que cada vez más las compañías contratan en remoto (te pueden contratar desde cualquier parte del mundo) y están más internacionalizadas.

¿Dónde puedo aprender gratis programación?

Hay muchos recursos, pero «Free Code Camp» me gusta especialmente:

https://www.freecodecamp.org

La mayoría del contenido está en inglés, pero también hay publicados muchos en español.

¿Sería deseable conseguir un «mentor» para guiarme?

Absolutamente sí, de hecho, puedes contactar conmigo. En la cultura hispanohablante esta figura de «mentor» no es aún tan popular como en la anglosajona.

¿Es mejor aprender programación de joven?

Programar es una actividad que puede aprender cualquiera que lo desee y que tenga ganas, no importa la edad.

¿Es una actividad más adecuada para hombres? ¡Pero por favor!, no seas cromañón o cromañona. Claro que ¡no!

¿Qué me aconsejas para aprender y progresar más rápido como programador?

Sin duda, uno de mis libros: «The Coder Habits: Los 39 Hábitos del Programador Profesional», como te he recomendado ya con anterioridad.

TE PIDO UN FAVOR

Me gustaría pedirte un favor para que este libro llegue a más personas, y es que lo valores, si realmente te ha gustado, con tu opinión sincera en la plataforma donde lo hayas adquirido.

Delego en los mismos lectores el marketing del libro, porque ahora mismo continúo con el siguiente, al mismo tiempo que trabajo en Mantra Framework y otros proyectos de los que hablo en mi web (www.rafablanes.com).

Además, si estás estudiando en un instituto, universidad o cualquier otra institución pública o privada, asegúrate de que tus compañeros conozcan mis trabajos, o habla con el responsable correspondiente si hay intención de hacer una adquisición de un número determinado de ejemplares; para ello, contacta directamente desde mi web (www.rafablanes.com).

Mil gracias.

SOBRE MÍ

Empresario y desarrollador de software desde hace más años de los que me acuerdo, actualmente trabajo principalmente como consultor para diversos clientes realizando diferentes funciones, todas relacionadas con el desarrollo de software.

Me titulé como Ingeniero Superior en Informática por la Universidad de Sevilla (España) en el año 2000. Desde entonces ha llovido mucho, he pasado por muchísimas experiencias laborales y profesionales, colaborando con muchas compañías y participando en muchos proyectos.

También emprendo proyectos propios de diversa naturaleza, entre ellos Picly.io, y uno de mis proyectos estrella, mi propia plataforma de publicación independiente: www.hubdelibros.com, lanzado en 2020, así como el framework que lo soporta, y de nombre Mantra (www.mantrajs.com).

Comparto mi actividad profesional y empresarial con la escritura en forma de artículos técnicos, que publico en www.rafablanes.com, y también con la publicación de novelas bajo el seudónimo de G. Blanes (como «Patricia», «Las Trillizas y el Club de Escritura»).

Comencé como autor en el año 2014, publicando «El Libro Negro del Programador», con una revisión algunos años más tarde, y que con frecuencia se sitúa como número uno en ventas en Amazon dentro de su categoría; en 2019 terminé «El Libro Práctico del Programador Ágil», una respuesta práctica al primero, así como «El Método Lean MP», una forma de sistematizar la implementación procedimental de negocios y actividades emprendedoras. También «The Coder Habits: los #39# hábitos del programador profesional» y «Legacy Code: Cómo modernizar en catorce pasos código heredado o proyectos software que han crecido demasiado rápido».

También un libro del que estoy especialmente orgulloso: «El Arte del Emprendedor Digital», en donde cuento todos los detalles técnicos y de desarrollo personal que me permitieron crear Hub de Libros.

De las compañías en las que he trabajado, Telvent Energía (perteneciente a la francesa Schneider Electric) marcó profundamente mi desarrollo profesional.

Gracias a esa empresa, pude participar en proyectos de

muchos tipos: nacionales e internacionales, de I+D+i, desarrollo de prototipos, tocando tecnologías muy diversas. Pude trabajar programando en ocasiones durante doce horas al día y hasta fines de semana cuando los hitos apretaban. También tuve la oportunidad de participar en diversos equipos de trabajo, algunos de ellos internacionales. Estuve desplazado en Suecia en 2006 durante año y medio en un proyecto para una compañía eléctrica, lo que me permitió ver de primera mano una cultura laboral diferente (aparte de hartarme de bollitos de canela, «*meat balls*» y de pasar muchísimo frío). Tanto yo como mis compañeros, sufrimos muchas crisis en Gotemburgo en el proyecto para el que trabajábamos, pero las fuimos superando todas hasta atesorar una gran experiencia que ahora recordamos todos con mucho cariño. Si para progresar hay que salir de «tu zona de confort», entonces ya creo que salí de ella, y mucho en aquella época, hasta convertirse casi un hábito para mí hasta el día de hoy.

A partir de mi experiencia sueca, comencé a dirigir pequeños equipos de trabajo en los que decidía completamente la arquitectura y el diseño (y no lo digo con soberbia, todo lo contrario, ese papel viene de la mano de una gran responsabilidad), y también lo más relevante de los desarrollos. También empecé a participar en la redacción de licitaciones y a viajar a muchas partes del mundo incluidas las oficinas de Microsoft en Seattle, y además empecé a interesarme por todo lo relacionado con la cultura del «*open source*» (o «código abierto») y del desarrollo ágil y tratar de implantarlo en la compañía para la que trabajaba. Comenzaron mis primeras experiencias como freelance, emprendedor y como consultor externo que traté de compatibilizar con el resto de mis responsabilidades laborales.

Ya por el 2010/2011 sentía que necesitaba un cambio de rumbo total en mi carrera profesional, de modo que la oportunidad se me presentó poco después. En 2012 dirigí la creación para Telecontrol STM (compañía muy ligada al sector eléctrico en mi país) de una oficina dedicada exclusivamente al desarrollo de software, con recursos, tiempo y equipo suficiente para desarrollar la Plataforma de Telegestión IRIS, un producto que a día de hoy está funcionando con éxito en diversos países. Desde entonces, hemos desarrollado muchos más productos.

A los pocos años, hicimos un *rebranding* de la empresa y constituimos Solid Stack, compañía de la que a día de hoy soy el responsable de desarrollo de software, al margen del resto de actividades.

Casi toda mi actividad como ingeniero software ha estado dedicada al desarrollo de productos (más que de «proyectos» que comienzan y terminan para clientes finales) y al emprendimiento de proyectos lo más escalables posible, con mayor o menor éxito, tratando de incidir en todas las buenas prácticas, tanto de código limpio y de refactorings como de arquitectura.

Del mismo modo, en estos últimos años me han contratado para realizar algunas charlas así como para impartir seminarios y mentorías personales relacionados con el código limpio, refactoring, software ágil, testing y auditorías de calidad de proyectos y arquitectura, volviendo a sorprenderme de la falta alarmante de esta cultura en entornos profesionales.

Puedes encontrar algunos de mis repositorios de código en github.com/gomezbl y visitar también www.mantrajs.com (proyecto que considero de los más importantes que he hecho hasta ahora).

Sin ninguna duda te puedes poner en contacto conmigo en contact@rafablanes.com.

Lector incansable, practicante de yoga y de running, soy padre de dos niñas maravillosas y actualmente vivo en un pequeño pueblo al norte de Sevilla (España).

Estoy a tu disposición en www.rafablanes.com:

www.rafablanes.com

BIBLIOGRAFÍA

He insistido mucho a lo largo de los capítulos anteriores acerca de la necesidad de estar formándote continuamente. La mejor forma es a través de libros, porque en ellos se aborda una temática compleja y se exponen, por lo general, con la suficiente profundidad. Ver tutoriales, leer artículos, escuchar podcasts, por supuesto que también, pero, en mi opinión, la base formativa la dan... los libros, y, por supuesto, cursos específicos y seminarios. Hoy día, el que quiera aprender, tiene a su disposición infinidad de medios para hacerlo. No hay excusa.

Si eres como yo, que leo un libro por semana, la siguiente lista que te propongo, no te va a llevar más de un año abordarla:

"Code Complete: A practical handbook of software construction", de Steve McConnel.

"Código Limpio: Manual de estilo para el desarrollo ágil de software", de Robert C. Martin.

"Culture Decks Decoded: Transform your culture into a visible, conscious and tangible assset", de Bretton Putter

"Delegación y Supervisión", de Brian Tracy.

"El Emprendedor Lean", de Brant Cooper y Patrick Vlaskovits.

"El Libro Negro del Emprendedor", de Fernando Trias de Bes.

"El Libro Negro del Programador", de Rafael Gómez Blanes.

"El Libro Práctico del Programador Ágil", de Rafael Gómez Blanes.

"El Método Lean Startup: Cómo crear empresas de éxito utilizando la innovación continua", de Eric Dries.

"El poder de los hábitos: Por qué hacemos lo que hacemos en la vida y en el trabajo", de Charles Duhigg.

"El Principio de Sorites", de Ian Gibbs.

"La Era de los Expertos", de Raimón Samsó.

"Lean Analytics: Cómo utilizar los datos para crear más rápido una startup mejor", de Alistair Croll.

"Libertad Financiera: Los cinco pasos para que el dinero deje de ser un problema", de Sergio Fernández.

"Los hábitos cotidianos de las personas que triunfan: ¿Eres búho, alondra o colibrí?", de Begoña Pueyo.

"Los 7 hábitos de la gente altamente efectiva", de Stephen R. Covey.

"Mapas Mentales", de Tony Buzan.

"Misión Emprender", de Sergio Fernández y Raimón Samsó.

"Móntatelo Por Internet: Cómo Emprender Tus Negocios Online, Ganar Dinero por Internet y Vivir La Vida Que Sueñas", de Victor Espig.

"Organízate con Eficacia", de David Allen.

"Patrones de Diseño", de Erich Gamma.

"Planifica Tu Éxito, De Aprendiz A Empresario", de Roberto Canales Mora.

"Pomodoro Technique Illustrated", de Staffan Noteberg.

"Refactoring: Improving the design of existing code", de Martin Fowler y Kent Beck.

"Running Lean: cómo iterar de un plan A a un plan que funciona", de Ash Maurya.

"Soft Skills: The software developer's life manual", de John Sonmez.

"Start Small, Stay Small: A Developer's Guide to Launching a Startup", de Rob Walling.

"The Agile Samurai: How Agile Masters Deliver Great Software", de Jonathan Rasmusson.

"The Clean Coder: A code of conduct for professional programmer", de Robert C. Martin.

"The Nature of Software Development: Keep it simple, keep it valuable, build it piece by piece", de Ron Jeffries.

"The Pommodoro Technique", de Francesco Cirillo.

"The Pragmatic Programmer", de Andrew Hunt.

"Vivir con abundancia", de Sergio Fernández.

"Vivir sin jefe", de Sergio Fernández.

"100€ startup", de Chris Guillebeau.

EL LIBRO NEGRO
del Programador_

Por Rafael Gómez Blanes

Segunda
Edición
2017

Cómo conseguir una carrera
de éxito desarrollando software y cómo evitar
los errores habituales_

También en inglés y en audiolibro

El Libro Práctico del Programador Ágil_

Rafael Gómez Blanes

{The Coder Habits}

LOS #39# HÁBITOS
DEL PROGRAMADOR
PROFESIONAL

Rafael Gómez Blanes

Autor de El Libro Negro del Programador
y El Libro Práctico del Programador Ágil

Ediciones BMT

También en inglés y en audiolibro

Aprende a emprender

El método Lean MP

Gestiona tu proyecto emprendedor de forma sencilla,
simple y eficaz mediante la Matriz de Procedimientos

RAFAEL GÓMEZ BLANES

Autor de El Libro Negro del Programador
y El Libro Práctico del Programador Ágil

Ediciones BMT

Rafael Gómez Blanes
LEGACY CODE

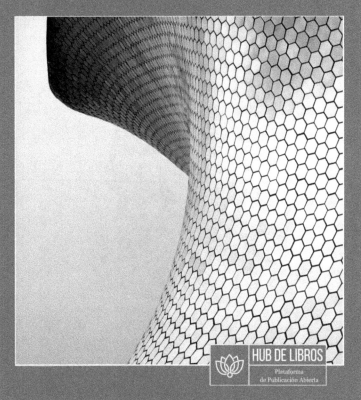

HUB DE LIBROS
Plataforma
de Publicación Abierta

Cómo modernizar en catorce pasos
código heredado o proyectos software
que han crecido demasiado rápido

El Arte del Emprendedor Digital

Rafael Gómez Blanes

UNA GUÍA DE DESARROLLO PERSONAL Y TÉCNICO
PARA LA CREACIÓN DE PROYECTOS SOFTWARE
EMPRENDEDORES ALTAMENTE ESCALABLES

HUB DE LIBROS
Plataforma Editorial
de Publicación Abierta

Rafael Gómez Blanes
LAS DOCE CLAVES

HUB DE LIBROS
Plataforma
de Publicación Abierta

Doce habilidades y estrategias
imprescindibles
para emprender con éxito

Rafael Gómez Blanes

De qué hablo cuando hablo de programar

Volumen 1

Cómo avanzar mejor y más rápido en tu
carrera como desarrollador

Rafael Gómez Blanes

De qué hablo cuando hablo de programar

Volumen 2

Cómo avanzar mejor y más rápido en tu carrera como desarrollador

Las Trillizas y el Club de Escritura

G. Blanes

Patricia

G. Blanes

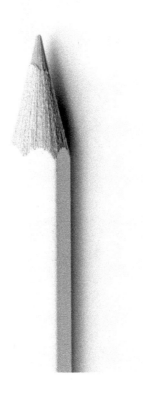

www.ingramcontent.com/pod-product-compliance
Lightning Source LLC
LaVergne TN
LVHW051228050326
832903LV00028B/2292